Alles was ich wissen will

Reptilien

Bibliografische Information Der Deutschen Bibliothek

Die Deutsche Bibliothek verzeichnet diese Publikation in der Deutschen Nationalbibliografie; detaillierte bibliografische Daten sind im Internet über **http://dnb.ddb.de abrufbar.**

1 2 3 05 04 03

Text: Carson Creagh
Grafiken: Anne Bowman; Simone End; Christer Eriksson; John Francis/Bernard Thornton Artists, UK; Robert Hynes; David Kirshner; Frank Knight; James McKinnon; Colin Newman/Bernard Thornton Artists, UK; Peter Schouten; Trevor Ruth; Rod Westblade

Lizenzausgabe für den Ravensburger Buchverlag Otto Maier GmbH

Postfach 1860, 88188 Ravensburg

Titel der Originalausgabe: Reptiles

Übersetzung aus dem Englischen und deutsche Bearbeitung:
Hans Peter Thiel/Marcus Würmli
Umschlaggestaltung: vitamin_Be
Printed in Germany
ISBN 3-473-35957-2

www.ravensburger.de

Alles was ich wissen will

Reptilien

Ravensburger Buchverlag

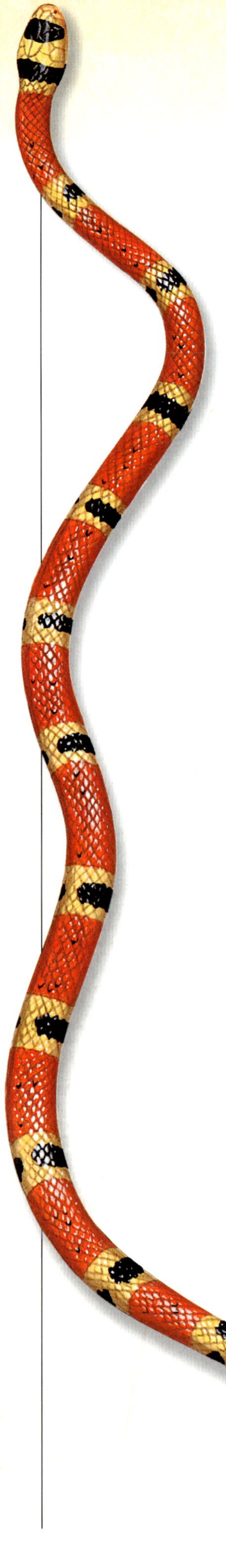

Inhalt

• EINFÜHRUNG •

• SCHILDKRÖTEN •

• KROKODILE •

• EIN LEBENDES FOSSIL •

• ECHSEN •

• SCHLANGEN •

Was sind Reptilien?

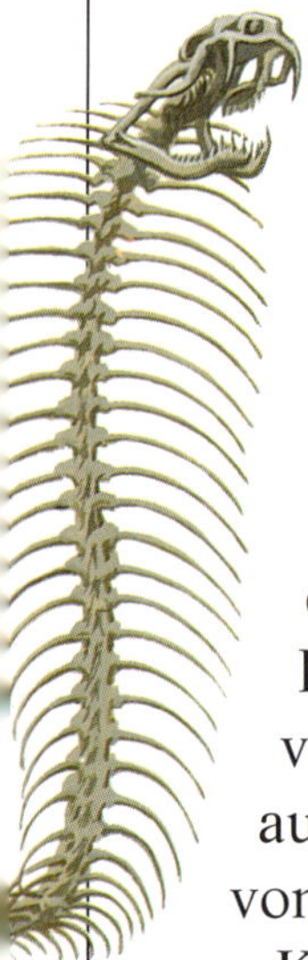

Reptilien oder Kriechtiere gibt es seit vielen Millionen Jahren. Ihre Vorfahren waren die Amphibien, die sowohl im Wasser als auch auf dem Festland lebten. Im Unterschied zu den Amphibien haben die Reptilien eine trockene Haut und umgeben ihre Eier mit einer festen Schale. Durch diese Weiterentwicklung waren sie nicht mehr nur vom Wasser abhängig, sondern konnten neue Lebensräume auf dem Festland erobern. Heute leben noch vier Gruppen von Kriechtieren: die Schildkröten, die Krokodile, Alligatoren, Kaimane und Gaviale, die Brückenechsen sowie die Schuppenkriechtiere, zu denen die Echsen und Schlangen zählen. Reptilien zeigen also eine ungeheure Vielfalt an Formen und Größen. Sie gehören zu den Wirbeltieren. Ihre Haut ist von Schuppen oder von Knochenplatten bedeckt. So sind sie vor Räubern und stacheligen Pflanzen geschützt. Reptilien sind wechselwarme Tiere. Sie hängen von der Temperatur ihrer Umgebung ab.

Sonnenbad
Dieses Krokodil lässt sich von der Sonne wärmen. Es muss Wärmeenergie aufnehmen, um später am Tag auf Jagd gehen zu können. Gleichwarme Tiere wie die Vögel und die Säuger erzeugen dauernd Wärme in ihrem Körper. Sie haben deshalb eine konstante Körpertemperatur.

Partner
Die Befruchtung erfolgt bei Reptilien im Inneren des weiblichen Körpers. Amphibien dagegen besamen ihre Eier im Wasser. Das Männchen spritzt beim Ablaichen seinen Samen darüber.

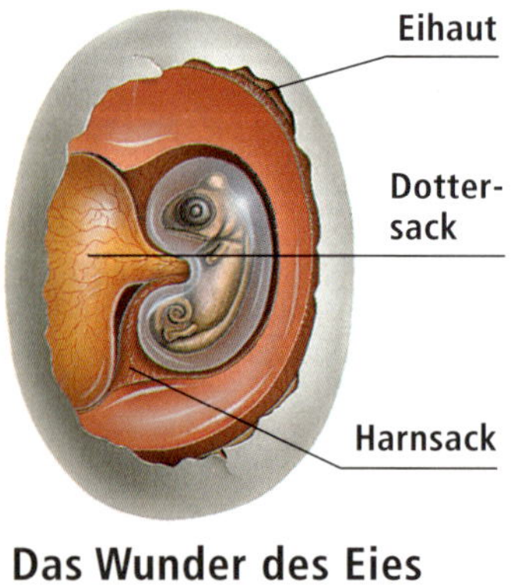

Das Wunder des Eies
Der unentbehrliche Sauerstoff tritt über die Eihaut ein, die unter der Eischale liegt. Der Dottersack liefert die Nährstoffe. Die Abfallprodukte des Stoffwechsels werden im Harnsack gelagert.

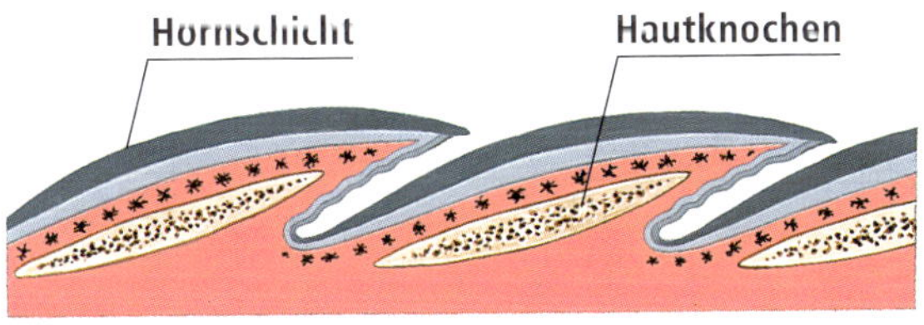

Eine schuppige Haut

Die Schuppen der Kriechtiere bestehen aus hartem, widerstandsfähigem Horn. Sie überlappen sich meist und bieten so besseren Schutz (rechts). Einige Reptilien haben in ihrer Panzerhaut auch flache Hautknochen.

Wärmesucher

In warmen Gebieten besiedeln die Kriechtiere jeden Lebensraum, von Flüssen und Sümpfen bis zum Regenwald und zu den Wüsten. Von den 6500 Reptilienarten zählen 3750 zu den Echsen und 2390 zu den Schlangen. Den kleinen Rest machen die Schildkröten, die Krokodile und die Brückenechse aus.

REPTILIEN-REKORDE

Meeresschildkröten sind die schnellsten Kriechtiere: Sie schwimmen bis zu 29 km/h schnell. Die Schwarze Mamba ist mit 11 km/h das schnellste Reptil auf dem Land. Die riesenhafte Landschildkröte der Galapagosinseln hingegen ist am langsamsten. Mit ihrem schweren gepanzerten Körper braucht sie für 300 m eine Stunde. Die Lederschildkröte ist mit einem Gewicht von 680 kg das schwerste Reptil. Den Längenrekord hält die Anakonda mit 11 m. Die kleinsten und leichtesten Reptilien sind winzige, 3,5 cm lange Geckos.

Zum Weiterlesen 36–37

Ein urtümliches Tier
Das Leistenkrokodil des Indischen und Pazifischen Ozeans ist ein Riese unter den heutigen Reptilien. Manche ausgestorbenen Formen waren noch deutlich größer.

Coelurosauravus, 40 cm lang, aus dem Oberperm, konnte wie eine heutige Flugechse von Baum zu Baum gleiten.

Dimetrodon, 3 m lang, aus dem Perm, war ein Reptil, gleichzeitig aber auch mit den Vorfahren der heutigen Säuger verwandt.

Hylonomus, 20 cm lang, aus dem Karbon, ist von versteinerten Baumstämmen bekannt.

Proganochelys, 1 m lang, aus der Obertrias, ist von heutigen Schildkröten kaum zu unterscheiden.

Frühe Formen

Vor ungefähr 400 Millionen Jahren verließen die ersten Amphibien das Wasser und eroberten das Festland. Um ihre gallertigen Eier abzulegen, mussten sie jedoch immer wieder ins Wasser zurückkehren. 100 Millionen Jahre später, im Karbon, entwickelten einige Amphibien Eier mit einer wasserdichten Schale. Das Jungtier, das darin heranwuchs, war nun vor dem Austrocknen geschützt. So konnte der Nachwuchs an Land besser überleben. Gleichzeitig besiedelten diese Arten neue Lebensräume auf dem Festland. Das älteste bekannte Reptil, der *Hylonomus*, sah aus wie eine kleine Eidechse. Später entstanden Flugsaurier, Plesiosaurier und Dinosaurier, Echsen, Schlangen, Krokodile, Brückenechsen und Schildkröten. All diese Formen lebten im Erdmittelalter. Es war das Zeitalter der Kriechtiere. Die Dinosaurier starben am Ende dieser Epoche aus. Sie hatten über 150 Millionen Jahre lang unangefochten auf der Erde geherrscht.

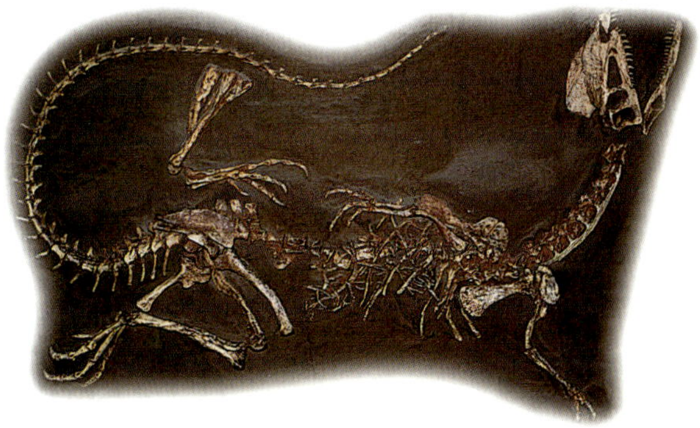

Ein ausgestorbenes Reptil
Forscher untersuchen versteinerte Reptilien wie das Dinosaurierfossil im Bild oben und ziehen Vergleiche mit heutigen Formen. Dabei erfahren sie viel über das Aussehen und die Lebensweise ausgestorbener Arten.

Ein kleiner Anfang
Die Umrisse entsprechen der Darstellung der Reptilien auf dieser Doppelseite. Die Flugsaurier, Dinosaurier, Fischsaurier und Plesiosaurier starben in der Kreidezeit aus. Die überlebenden Reptilienformen entwickelten sich zu den heutigen Arten weiter.

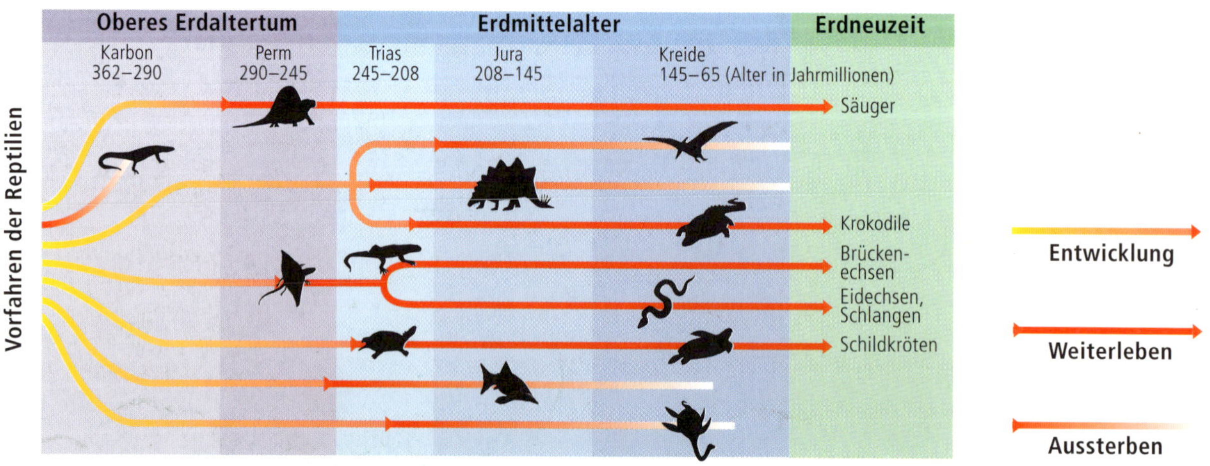

Pteranodon, ein Flugsaurier aus der Oberkreide, hatte eine Flügelspannweite von 7 m. Er ernährte sich wie ein Pelikan von Fischen.

Pachyrachis, 1 m lang, aus der Unterkreide, war wohl mit dem Vorfahr der heutigen Schlange verwandt.

Stegosaurus, 9 m lang, aus dem Oberjura, ernährte sich wie ein Leguan von Pflanzen.

Planocephalosaurus, 20 cm lang, aus der Obertrias, ähnelte sehr der neuseeländischen Brückenechse.

Deinosuchus aus der Kreide wurde wohl bis 15 m lang. Wahrscheinlich war dieses Tier das größte Krokodil, das je gelebt hat.

Archelon, 3,7 m lang, aus der Oberkreide, ernährte sich wie die heutige Lederschildkröte wahrscheinlich von Quallen.

Elasmosaurus, ein 14 m langer Plesiosaurier aus der Oberkreide, hatte den längsten Hals unter allen Meeresreptilien.

Ichthyosaurus, ein 2 m langer Fischsaurier aus dem Unterjura, war stromlinienförmig und fraß wie die heutigen Delfine Fische.

LEBEN IN NEUER UMGEBUNG

Zwischen Amphibien und Kriechtieren gibt es neben einigen Ähnlichkeiten auch deutliche Unterschiede. Die Amphibien oder Lurche können in allzu großer Entfernung von einem feuchten Biotop nicht überleben. Sie legen ihre Eier in das Wasser, und ihre Jungen verbringen dort auch das Larvenstadium. Die Reptilien hingegen überleben auch an trockenen Stellen. Ihre Eier haben eine ledrige Haut. Diese schützt das heranwachsende Tier vor dem Austrocknen.

Urtümliche Panzer

Die Schildkröten erschienen vor über 200 Millionen Jahren auf der Erde. Seither haben sie sich kaum verändert. Es sind die einzigen Kriechtiere, die einen fast vollständig gepanzerten Körper haben. Die Panzerung besteht aus Knochen- und Hornplatten. Die meisten Schildkröten können den Kopf und die Beine einziehen, sodass sie vor Räubern gut geschützt sind. Nach der Art und Weise, wie die Schildkröten ihren Kopf in den Panzer zurückziehen, unterscheidet man zwei Gruppen: Die ungefähr 200 Arten der *Halsberger* ziehen den Kopf durch eine senkrechte s-förmige Biegung der Halswirbelsäule in den Panzer zurück. Die rund fünf Dutzend *Halswender*, die in Afrika, Südamerika und Australien vorkommen, heben den Hals seitwärts in den Panzer. Schildkrötenpanzer zeigen eine große Vielfalt an Formen, Farben und Härten. Die Form des Panzers verrät viel über die Fortbewegungsweise und über die Lebensräume, in denen sich die Tiere aufhalten. Alle Schildkröten legen Eier, die sie im Allgemeinen in Sand oder Erde vergraben.

Oberste Schicht
Die obersten Schilde des Panzers bestehen aus Horn. Darunter liegen die Knochenplatten. Horn ist auch der Baustoff unserer Haare und Nägel.

Horn und Knochen
Die Madagassische Strahlenschildkröte hat ein auffälliges Muster auf ihrem hochgewölbten Panzer. Die Hornschilde liegen über den Knochenplatten, die mit der Wirbelsäule und den Rippen verbunden sind. Schilde und Knochenplatten überlappen sich.

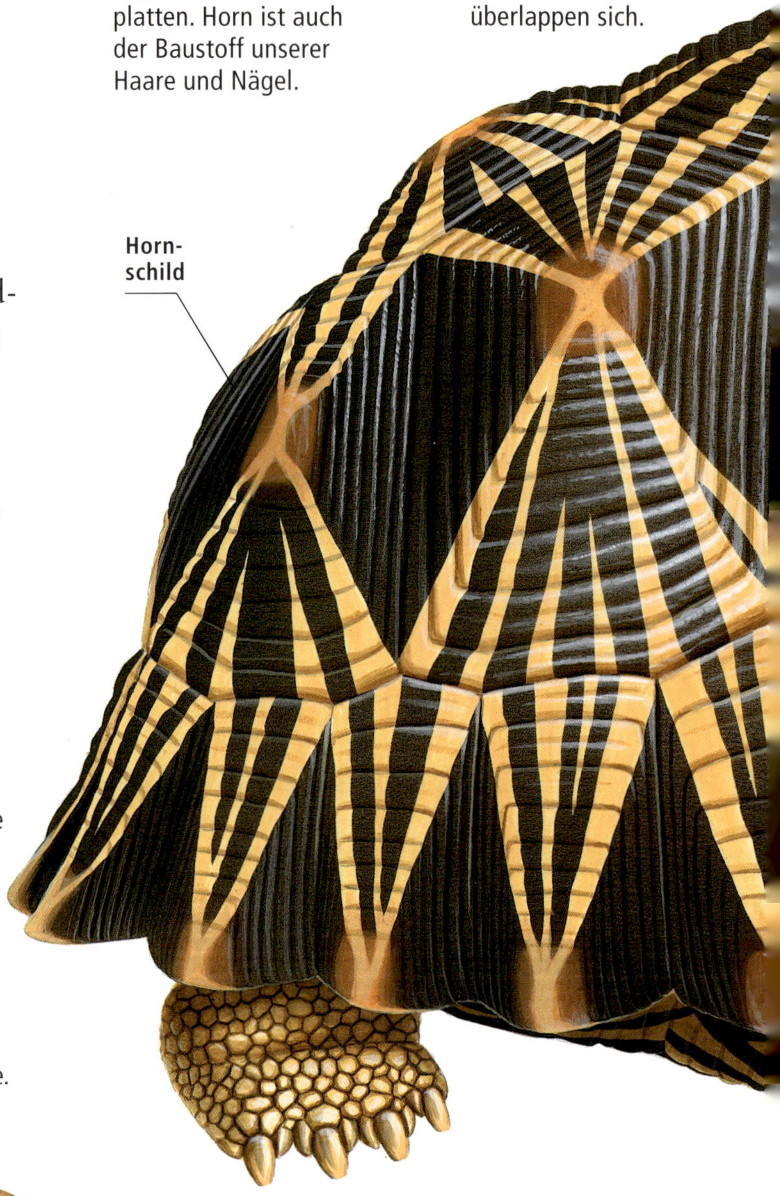

Schlüpfen
Beim Schlüpfen aus dem Ei sind die Schildkröten allein auf sich gestellt. Mit dem scharfen Eizahn auf dem Schnabel, der später abfällt, bahnen sie sich ihren Weg aus der ledrigen Eischale.

Landschildkröte
Kuppelförmiger Panzer, langsame Fortbewegung

Im Wasser und an Land lebende Schildkröte
Starker, abgeflachter Panzer für beide Lebensräume

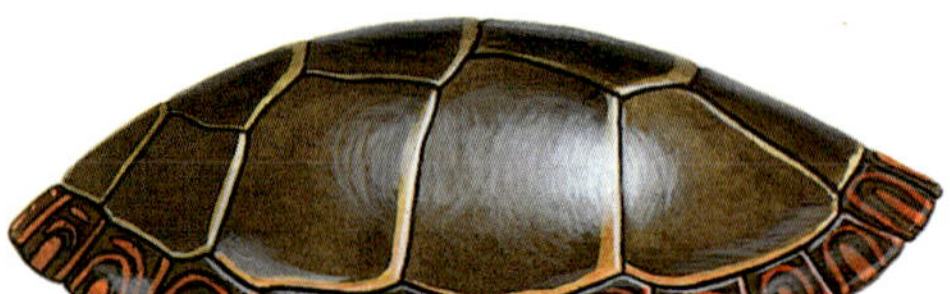

Sumpfschildkröte
Kleiner, flacher Panzer

Löwenzahn für Zahnlose
Meeresschildkröten fressen Muscheln, Fische, Quallen und Seegras. Junge Landschildkröten ernähren sich von Würmern, Insekten und Pflanzen. Die erwachsenen Tiere sind zu langsam für den Beutefang. Sie fressen nur Blüten, Früchte und andere Pflanzenteile.

HALSWENDER UND HALSBERGER

Die *Halswender* unter den Schildkröten haben einen langen Hals und einen flachen Panzer. Sie verbergen den Kopf seitwärts (unten links), weil sie den Kopf nicht s-förmig in die Schale zurückziehen können. Die meisten *Halsberger* haben kürzere Hälse, sodass sie sich ohne seitliche Drehung in den Panzer zurückziehen können (unten rechts). *Halsberger* wie die Riesenschildkröten von Galapagos oder die Griechische Landschildkröte haben viel Platz im Inneren ihrer großen kuppelförmigen Panzer.

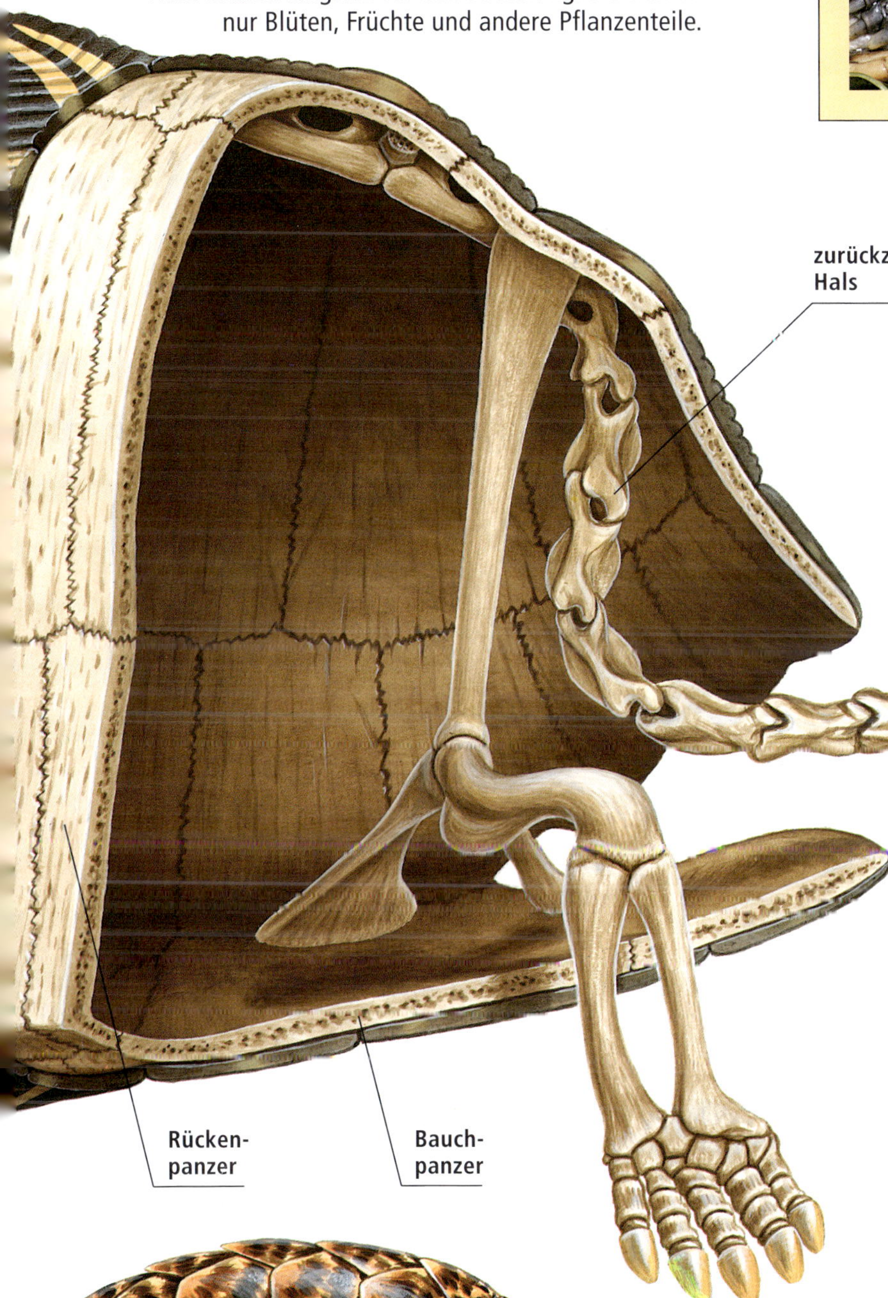

Ein weites Maul
Die ersten Schildkröten hatten noch kleine Zähne. Den heutigen Formen fehlen sie völlig. Sie reißen mit den scharfen Rändern ihrer Schnäbel Teile von Pflanzen und Tieren los.

Anpassung
Landschildkröten haben säulenförmige Beine mit Krallen. Sumpfschildkröten leben auf dem Land und im Wasser und haben deshalb Schwimmhäute zwischen den Zehen. Meeresschildkröten treiben sich schnell mit paddelförmigen Flossen voran.

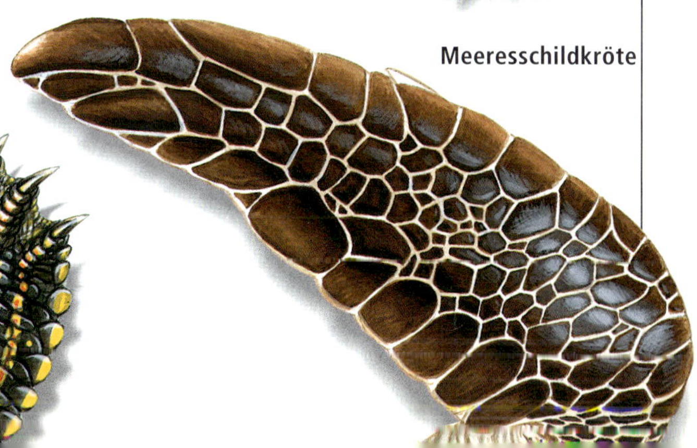

Meeresschildkröte
Stromlinienförmiger Panzer für schnelles Schwimmen

Landschildkröten

Viele Landschildkröten leben in Trockengebieten oder Wüsten. Zum Schutz vor Räubern haben sie kuppelförmige Panzer. Diese bieten gleichzeitig auch Platz für größere Lungen. Da die Panzer sehr schwer sind, können sich die Tiere nur langsam bewegen und verbrauchen wenig Energie. In einer Stunde legen sie höchstens 300 Meter zurück. In heißen Gebieten sind die Schildkröten nur am Morgen und am späten Abend aktiv. Die heißesten Tagesstunden verbringen sie im Schatten von Bäumen und Sträuchern oder in Erdlöchern. Die rund vierzig Arten von Landschildkröten kommen in allen Erdteilen außer Antarktika vor. Die meisten leben von Pflanzen, einige fressen auch Insekten und Schnecken. Die größten Schildkröten werden hundert und mehr Jahre alt. Leider sind viele Landschildkröten vom Aussterben bedroht, besonders die inselbewohnenden Formen. Dort stellen Schweine und Ratten den Eiern und Jungtieren nach.

Unter Tage
Die Gopherschildkröte gräbt außergewöhnlich lange Gänge mit einer Kammer am Ende, die ihr mit der konstanten Temperatur unter der Erde als Zufluchtsort dient.

In engen Spalten
Die afrikanische Spaltenschildkröte lebt in felsigem Gelände. Ihr Panzer ist vollkommen flach und weich. Damit kann sich das Tier zum Schutz vor Räubern auch in engste Felsspalten quetschen.

Klein und groß
Die Größenskala der Landschildkröten reicht von der etwa 10 cm langen Madagassischen Spinnenschildkröte über die 50 cm lange südamerikanische Köhlerschildkröte bis hin zu den Riesenschildkröten auf den Seychellen und den Galapagosinseln.

SCHON GEWUSST?

Jahrhundertelang machten Segelschiffe, die den Pazifik überquerten, Station auf den Galapagosinseln. Sie versorgten sich dort mit Riesenschildkröten. Die Tiere wurden als lebender Fleischvorrat an Bord genommen.

Eiablage
Landschildkröten legen ihre Eier in Kuhlen, die sie mit den Hinterfüßen graben. Dann scharren sie das Loch mit Erde zu und überlassen die Eier ihrem Schicksal.

ANGEPASSTE PANZER

Die Populationen der Riesenschildkröten auf den verschiedenen Galapagosinseln waren jahrtausendelang voneinander getrennt. Die Schildkröten auf den größeren, feuchteren Inseln blieben bei der Kuppelform ihrer Panzer (unten). Die Formen auf den kleineren, trockeneren Inseln hingegen, wo die Kakteen in die Höhe wachsen, entwickelten längere Beine und einen sattelförmigen Panzer. Dadurch konnten die Tiere mit ihren langen Hälsen auch höher liegende Pflanzenteile erreichen.

Mit gestrecktem Hals

In der Trockenzeit weiden Riesenschildkröten mit sattelfömigem Panzer höhere, saftige Kaktusteile ab. Nach Regenfällen sammeln sie sich an Pfützen und trinken, so viel sie können.

Im Wasser und auf dem Land

Die meisten Schildkröten leben im Süßwasser oder in dessen Nähe, also in Seen, Flüssen und Sümpfen. Zu diesen Wasserbewohnern zählen etwa 200 Arten. Wir unterscheiden Sumpfschildkröten, Weichschildkröten und Flussschildkröten. Fast alle haben sie Schwimmhäute zwischen den Zehen und einen leichten, flachen Panzer mit Hornschilden. Viele können Sauerstoff auch aus dem Wasser gewinnen. Die meisten Arten legen ihre Eier in den Boden oder in den Sand von Flussbänken. Nur die Australische Schlangenhalsschildkröte setzt ihre Eier unter Wasser ab. Die Schildkröten des Süßwassers machen Jagd auf Fische und Wasserinsekten und sie können sehr lange Zeit tauchen. Einige überwintern sogar unter Wasser.

Manche Arten haben sich stärker an das Leben auf dem Land angepasst und suchen dort ihre Nahrung. Sie überwintern im Schlamm der Gewässer oder in Erdhöhlen an Land.

SELTSAM, ABER WAHR

Der deutsche Name „Moschusschildkröte" ist eine höfliche Umschreibung dafür, dass die Tiere einen übel riechenden Stoff absondern, wenn sie aufgestört werden. Die Amerikaner nennen sie „Stinktopf".

Staubsauger
Die Mata-Mata ist eine südamerikanische Süßwasser-Schildkröte. Mit ihrem breiten Maul saugt sie die Beutetiere ein.

Auf der Lauer
Die asiatische Großkopf-Schildkröte verbringt die meiste Zeit im Wasser. Dort liegt sie wie die Geierschildkröte auf der Lauer und schnappt nach Beutetieren.

Aufwärmen
Schildkröten sind wie alle Reptilien wechselwarm. Diese Sumpfschildkröten müssen sich an der Sonne aufwärmen, bevor sie im kühlen Wasser auf Jagd gehen können.

Weichschildkröte
Drei Schildkrötenfamilien tragen keinen Panzer, sondern haben eine ledrige Haut. Wir bezeichnen sie als Weichschildkröten. Sie schwimmen sehr schnell und verbergen sich vor Räubern im Schlamm.

Ein Schnappmaul
Die amerikanische Geierschildkröte tarnt sich durch einen schlammbraunen Panzer, auf dem sogar Algen wachsen. Mit den farbigen Fortsätzen auf der Zunge lockt sie Fische an. Dann packt sie plötzlich zu. Sie kann ohne weiteres einen Finger abbeißen.

LIEBESTANZ

Männchen und Weibchen der Schildkröten unterscheiden sich kaum. Sie erkennen sich vor allem an ihrem Verhalten. Die Männchen führen im Wasser „Tänze" vor, um Weibchen anzulocken. In der Zeit der Fortpflanzung wirbt das Männchen der Rotwangen-Schmuckschildkröte um das Weibchen, indem es die Krallen vor ihrem Gesicht auf und ab bewegt.

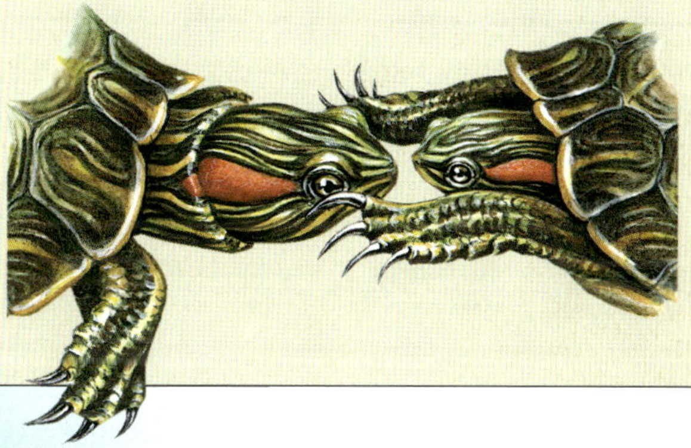

Rückzug
Die Schmuckdosenschildkröte lebt in den Wäldern Nordamerikas. Bei Gefahr und großer Trockenheit zieht sie ihren Kopf und alle Gliedmaßen ganz in den Panzer zurück.

Meeresschildkröten

In warmen Meeren leben sechs Arten von Schildkröten. Sie haben alle einen abgeflachten, stromlinienförmigen Panzer und große Vorderflossen. Auf der Flucht vor Räubern, etwa Haien, sind sie bis zu 29 km/h schnell. Gewöhnlich bewegen sie sich aber viel langsamer und nutzen die Meeresströmungen. Sie fressen Fische, Quallen, Schwämme, Seegras und Krabben. Den größten Teil ihres Lebens verbringen die Meeresschildkröten auf Wanderzügen in tropischen Meeren. Sie legen dabei tausende von Kilometern zurück. Nach einigen Jahren paaren sie sich zum ersten Mal. Dazu kehren die Schildkröten an ihren Heimatstrand zurück, der oft weit von ihren Nahrungsgründen entfernt ist. Die Weibchen graben tiefe Erdlöcher, in die sie bis zu 100 Eier legen. Meeresschildkröten müssen sehr viele Nachkommen haben, denn nur jede hundertste erreicht das Erwachsenenalter. Die meisten werden gefressen oder vom Menschen erlegt.

Ein Riese
Die Lederschildkröte ist die größte Schildkröte der Welt. Sie kann bis 590 kg schwer werden. Die vorderen flossenähnlichen Beine sind mit einer Spannweite von 2,70 m außergewöhnlich lang. Sie ernähren sich hauptsächlich von Quallen.

DAS RENNEN ZUM MEER

Nach dem Schlüpfen beginnt für Meeresschildkröten die gefährlichste Zeit. Sie kriechen sofort dorthin, wo der Horizont am niedrigsten ist, nämlich an die Küste. Nur weil sehr viele Tiere gleichzeitig schlüpfen, können ein paar den lauernden Räubern, vor allem Seevögeln und Krabben, entkommen. Selbst wenn die Jungtiere das rettende Meer erreicht haben, sind sie noch nicht in Sicherheit. Raubfische lauern ihnen in den flachen Gewässern auf.

SELTSAM, ABER WAHR

Legenden zufolge weinen die Meeresschildkröten, wenn sie das Meer verlassen. Tatsächlich „weinen" sie, um überschüssiges Salz loszuwerden. Spezielle Drüsen nahe der Augen produzieren salzige Tränen. Im Wasser sind diese nicht zu erkennen, an Land hingegen werden sie deutlich sichtbar.

Mühseliges Kriechen
Die Suppenschildkröte ist eine sehr elegante Schwimmerin. Auf dem Festland hat sie jedoch größte Mühe, vorwärts zu kommen. Sie legt ihre Eier an Sandstränden ab.

Heimkehrer
Die meisten Meeresschildkröten kehren zu dem Strand zurück, an dem sie selbst auf die Welt gekommen sind. Bei der Bastardschildkröte findet die Paarung wie bei allen ihren Verwandten im flachen Küstengewässer statt.

Gefährdete Art
Die Echte Karettschildkröte ist stark gefährdet, weil man aus ihren Hornschilden, dem so genannten Schildpatt, Luxusgegenstände herstellt, zum Beispiel Brillenfassungen.

Gefährliche Räuber

Die Krokodile zählen zu den größten und gefährlichsten Reptilien. Stundenlang lauern sie unter Wasser, wobei nur Augen und Ohren sowie die Nasenlöcher über die Wasseroberfläche ragen. Mit einem plötzlichen Angriff überraschen sie Antilopen, die am Fluss trinken, oder Vögel, die sich auf dem Wasser ausruhen. Krokodile sind in den tropischen Regionen verbreitet. Die Zoologen unterscheiden 21 Arten, zu denen auch Alligatoren, Kaimane und Gaviale zählen. Zu den größten gehört das Leistenkrokodil mit bis zu acht Metern. Es lebt im Indischen und Pazifischen Ozean und wurde schon 1000 Kilometer vom Festland entfernt gesichtet. Krokodile fressen alles – von Insekten, Fröschen und Schnecken bis hin zu Schildkröten, Fischen und Vögeln. Die größten greifen sogar Pferde und Rinder an. Wie alle Reptilien steuern auch Krokodile die Körpertemperatur durch ihr Verhalten. Das Nilkrokodil wärmt sich tagsüber in der Sonne auf einer Flussbank. Nachts zieht es sich in das wärmere Wasser zurück.

SCHON GEWUSST?

Krokodile verlieren beim Jagen immer wieder Zähne. Diese wachsen aber jedes Mal wieder nach, sodass die Echsen im Laufe ihres oft jahrzehntelangen Lebens buchstäblich hunderte von Zähnen bekommen.

Hell leuchtende Augen
Krokodile sehen sehr gut. Am Augenhintergrund haben sie eine reflektierende Schicht, sodass sie Dämmerlicht sozusagen zweimal wahrnehmen und es dadurch verstärken.

Groß und klein
Bei den Krokodilen gibt es erhebliche Größenunterschiede. Der Brauen-Glattstirnkaiman wird erwachsen nur 1,5 m lang. Der Sundagavial ist mit 4 m mittelgroß, einzelne Exemplare des Leistenkrokodils sollen über 8 m lang geworden sein.

Heimlicher Angriff
Große Krokodile nähern sich ihrer Beute ganz langsam. Sie treiben nahezu bewegungslos im Wasser, um ihre Kräfte dann beim Überraschungsangriff voll einsetzen zu können.

Anpasssungen
Ein Krokodil kann atmen, während es im Wasser treibt, weil die Nasenlöcher über der Wasseroberfläche liegen. Eine Hautfalte verhindert, dass Wasser in die Luftröhre gelangt, wenn das Reptil unter Wasser mit einem Beutetier kämpft.

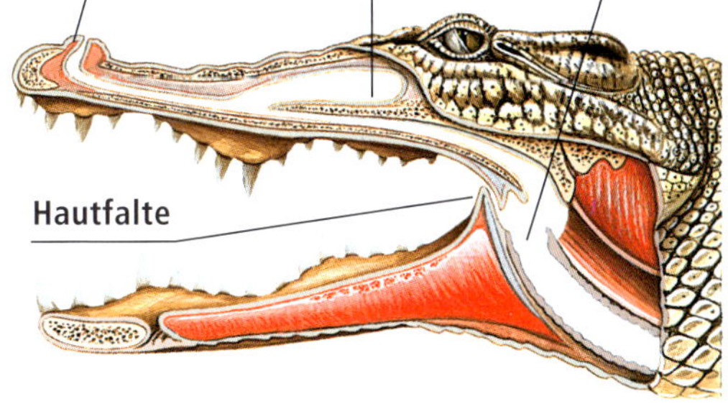

Reißen und Schlingen
Krokodile können mit ihren Zähnen zwar kräftig zupacken, aber die Beute nicht zerschneiden oder kauen. Sie reißen ihre Beutetiere in Stücke oder verschlingen sie ganz

An Land
Auf Flussbänken kriechen die Krokodile auf dem Bauch. Nur längere Entfernungen legen sie auf ihren kurzen Beinen zurück und heben dabei den Bauch vom Boden ab. Einige Arten wie der Krokodilkaiman laufen auf Nahrungssuche viele Kilometer weit.

VON OBEN UND VON DER SEITE
Je nach Ernährungs- und Lebensweise haben die Krokodile unterschiedlich geformte Schnauzen.

Echte Krokodile haben im Allgemeinen spitze Schnauzen. Bei geschlossenem Maul bleibt der vierte Zahn des Unterkiefers sichtbar.

Spitzkrokodil

Alligatoren und Kaimane haben breite Schnauzen. Je breiter die Schnauze, desto größer die Beute. Bei geschlossenem Maul verschwindet der vierte Zahn des Unterkiefers in einer Hauttasche.

Mohrenkaiman

Der Gangesgavial hat eine stark verlängerte Schnauze mit zahlreichen kleinen spitzen Zähnen. Da[illegible] er [illegible]che.

Gangesgavial

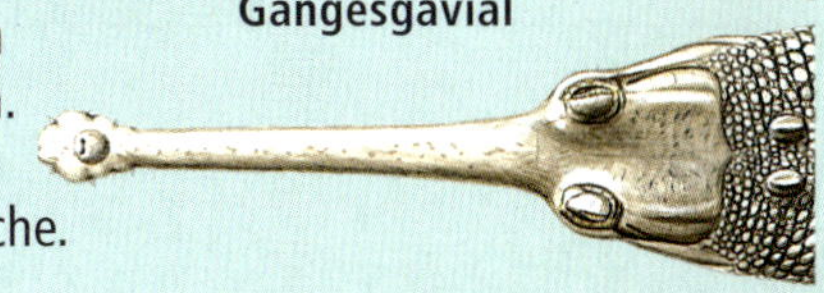

Zum Weiterlesen 23–24

Besorgte Mütter

Krokodile gehören zu den gefährlichsten Reptilien der Erde. Die Weibchen sind aber zärtliche Mütter. Sie behüten und pflegen ihre Eier und Jungtiere mit großer Hingabe. Einige Arten legen Nisthügel aus Erde und Pflanzen an. Andere vergraben ihre Eier in Sand- oder Erdlöchern. Der südamerikanische Keilkopf-Glattstirnkaiman baut seine Nester im schattigen Regenwald. Da hier die Sonne die Eier nicht wärmen kann, errichtet das Weibchen das Nest aus Pflanzenmaterial neben einem Termitenhaufen. In dieses Nest legt es dann seine Eier ab. Die Wärme der gärenden Pflanzenreste und die Wärme des Termitenhaufens brüten schließlich die Eier aus. Alle Krokodilweibchen bewachen ihre Nester und verscheuchen Räuber, zum Beispiel große Echsen, Vögel und Säuger. Je nach Art und Nesttemperatur brauchen die Eier 60 bis 100 Tage zur Entwicklung. Wenn die Krokodilbabys schlüpfreif sind, quäken sie nach ihrer Mutter. Diese entfernt daraufhin das Nistmaterial. Die Mutter bleibt oft wochenlang mit den Jungen zusammen, bis diese selbst zurechtkommen.

Gefährliche Wächterin
Ein Krokodilweibchen hütet sein Nest aus warmem, verrottendem Pflanzenmaterial bis zu 100 Tage lang. In dieser Zeit verlässt es das Nest nicht und greift jeden Störenfried an, der ihm zu nahe kommt.

Ein sicherer Ort
Die Kiefer eines Alligators können tödlich sein, doch das Baby fühlt sich im Maul seiner Mutter sicher. Sie trägt es zu einem ruhigen Weiher, wo die Jungtiere nicht gefährdet sind.

Bodygard
Frisch geschlüpfte Krokodile fallen anderen Räubern leicht zum Opfer, zum Beispiel Fischen oder Vögeln – gelegentlich sogar Verwandten. Die Jungen bleiben deshalb in der Nähe der Mutter und halten sich häufig auf deren Rücken auf, wo kein Räuber einen Angriff wagen würde.

SCHON GEWUSST?

Die meisten Krokodilweibchen bewachen ihre frisch geschlüpften Jungen mehrere Wochen oder gar Monate lang. Jedes erwachsene Krokodil reagiert übrigens auf den Angstruf eines Jungkrokodils – selbst wenn dieses schon fünf Jahre alt ist.

Alligatoren und Kaimane

Alligatoren und Kaimane sind nahe miteinander verwandt. Sie zeigen aber deutliche Unterschiede im Aussehen. Die beiden Alligatorarten haben breite Schnauzen und große, abgerundete Zähne. Der Mississippi-Alligator, der bis zu sechs Meter lang wird, lebt in den Sümpfen und Flüssen des südöstlichen Nordamerikas. Er frisst Fische, Reptilien, Vögel und Säuger. Die Weibchen greifen manchmal auch Menschen an, aber nur, wenn sie ihr Nest bewachen. Der zwei Meter lange China-Alligator lebt nur im Fluss Yangtsekiang. Er ernährt sich von Schnecken, Muscheln, Insekten und Ratten. Alle fünf Kaimanarten sind in Mittel- und Südamerika verbreitet. Der Mohrenkaiman wird bis zu sechs Meter lang und lebt in den überfluteten Wäldern des Amazonas und des Orinoko. Die kleineren Kaimane haben schmale, scharfe Zähne. Am Bauch und auf dem Rücken sind sie mit Knochenplatten gepanzert. Sie fressen vor allem Schnecken, Insekten und Frösche.

Schlammiger Lebensr
Der Krokodilkaiman komm
und in Mexiko vor. Er wird
lebt oft in Stauseen oder
wo die Rinder getränkt w
er aber nur Schnecken un

Feste Panzerung
Die kleinste Krokodilart, der Brauen-Glattstirnkaiman, wird von anderen größeren Kaimanarten, von Pythons und Jaguaren gejagt. Als Schutz vor diesen Räubern enthält seine Haut zahlreiche Knochenplatten. Selbst die Augenlider sind verknöchert.

Unterwasserjagd
Alligatoren nähern sich ihrer
Wasser. Sie schwimmen dab
geschmeidig, dass nicht ein
an der Wasseroberfläche be

Leben unter der Eisdecke
Der China-Alligator und der Mississippi-Alligator können im Winter das Gefrieren ihres Gewässers überleben. Dazu halten sie die Schnauzenspitze über das Wasser, sodass Atemlöcher in der Eisschicht offen bleiben.

Nasenlaute
Gaviale haben ihren Namen nach der Knolle an der Schnauzenspitze. In der Hindisprache heißt diese „Ghara“, was Topf bedeutet. Die Männchen erzeugen damit ein summendes Geräusch, das Rivalen warnt.

Krokodile und Gaviale

ɔkodile gehören zu den größten Räubern in Seen, Flüssen und npfen. Die zwölf Arten von Krokodilen und die beiden Gavial- ɜn leben in den tropischen Gebieten Afrikas, Asiens, Australiens l Amerikas. Am größten ist das Leistenkrokodil. Es ist die ein- ɜ Panzerechse, die sich weit hinaus aufs Meer wagt. Am kleins- ist das Westafrikanische Stumpfkrokodil. Es wird nicht länger zwei Meter. Die Schnauzenform der Krokodile richtet sich nach ɾ Ernährung. Der Gangesgavial und der Sundagavial sowie die igen Fisch fressenden Krokodilarten haben scharfe, schmale ne und lange, schnabelartige Schnauzen, um ihre schlüpfrige te sicher festhalten zu können. Große Krokodile mit breiten nauzen lauern Landtieren auf, wenn diese zur Tränke kommen. ihren mächtigen Kiefern und kräftigen Zähnen packen sie ihre te und drücken sie unter Wasser. Dabei dreht und wendet sich Krokodil, um große Stücke aus dem Opfer herauszureißen.

König der Räuber
Das erwachsene Nilkrokodil ist das größte Raubtier in afrikanischen Flüssen und Seen. Abgesehen vom Menschen hat es keine Feinde.

Gefährlich!
Das Nilkrokodil wird bis zu 5,5 m lang und kann 40 Jahre oder älter werden. Junge Nilkrokodile fressen Insekten, Spinnen und Frösche. Ausgewachsene Tiere stürzen sich auf Affen, Zebras und Antilopen und greifen auch Menschen an.

Angriff auf Gnus
Nilkrokodile stellen sich in großer Zahl an den Stellen ein, wo die Gnuherden auf ihrer jährlichen Wanderung die Flüsse überqueren. Weil es hier genügend Nahrung gibt, machen sich die Krokodile keine Konkurrenz. Sie gehen aber nicht gemeinsam auf Jagd.

Rückenpanzer
Das Krokodil trägt in der Rückenhaut zahlreiche Knochenplatten. Sie schützen das Tier vor Räubern und den Bissen von Artgenossen.

Männchen oder Weibchen?
Ein junges Nilkrokodil schlüpft hier aus dem Ei. Das Geschlecht eines Krokodils wird von der Temperatur im Inneren des Nestes bestimmt. Beim Mississippi-Alligator schlüpfen in einem Temperaturbereich von 28–30 °C nur Weibchen; zwischen 32–34 °C entstehen Männchen. Zwischentemperaturen ergeben sowohl Männchen wie Weibchen.

WIDRIGKEITEN DES LEBENS

Trotz der intensiven Brutpflege überlebt nur ein kleiner Teil der Jungen bis ins Erwachsenenalter. Es kommt immer wieder vor, dass die Weibchen aus Ungeschicklichkeit ihre Eier zerdrücken. Die Eier werden auch von großen Eidechsen, Vögeln oder Säugern, etwa dem Mungo, ausgegraben. Frisch geschlüpfte Krokodile fallen vor allem Störchen, Greifvögeln, Fischen und Schildkröten zum Opfer.

BELLENDE RIESEN

Krokodile geben mehr Laute von sich als andere Reptilien. Mississippi-Alligatoren teilen einander durch eine Art Schnurren mit, wo sie sich befinden. Es handelt sich dabei um Vibrationen des Wassers (Bild oben). Diese Schwingungen beenden sie mit lautem Bellen. Während der Fortpflanzungszeit brüllen Krokodilmännchen laut. Um Rivalen abzuschrecken, heben sie die Schnauze aus dem Wasser und reißen ihren Rachen weit auf (Bild unten).

Hochsprung

Mississippi-Alligatoren gehen oft in Vogelkolonien auf Jagd. ɔie fressen dort zum Beispiel Fische, die vom Kot der Vögel ıngezogen werden. Manchnal springt ein Alligator auch aus dem Wasser, ım einen jungen Reiher zu schnappen, der aus dem Nest gefallen ist.

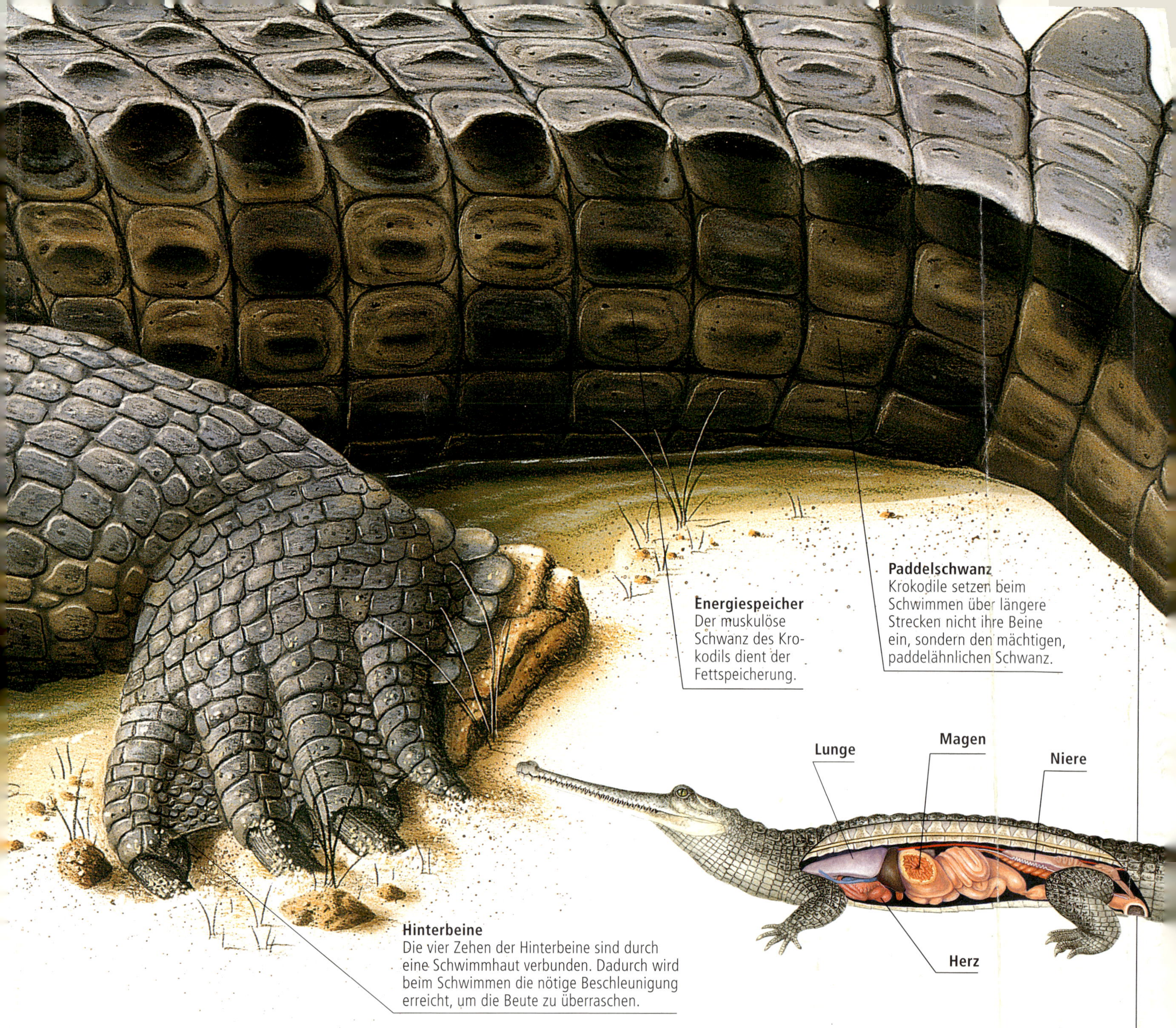

FORTBEWEGUNG AN LAND

Krokodile kriechen kurze Wege auf dem Bauch, vor allem, wenn sie von einer Sandbank sacht ins Wasser gleiten. Sie wollen dabei keine Beutetiere auf sich aufmerksam machen. Auf dem Land heben sie den Bauch vom Boden ab und gehen auf ihren kurzen Beinen. Der Schwanz wird nachgeschleift. Auf diese Weise legen Krokodile große Entfernungen zurück. Kleinere Arten und Jungtiere galoppieren über kurze Strecken mit einer Geschwindigkeit von bis zu 17 km/h.

Bauch
Die Schilde auf dem B
sind dünner und leicht
als die Rückenschilde.

Vorderbeine
Das Krokodilweibchen gräbt sein Nest mit den Vorderbeinen. Die fünf Zehen sind nicht durch Schwimmhäute verbunden. Drei Zehen tragen Krallen.

Die Brückenechse

In den letzten 240 Millionen Jahren hat sich die Brückenechse kaum verändert. Dieses „lebende Fossil“ kommt nur noch auf wenigen Inseln vor den Küsten Neuseelands vor. Es sieht dem Leguan recht ähnlich, ist aber mit ihm nur weitläufig verwandt. In Wirklichkeit gehört die Brückenechse zur Reptiliengruppe der „Schnabelköpfe“. Diese waren im Erdmittelalter auf der ganzen Erde verbreitet. Vor 65 Millionen Jahren starben sie zusammen mit den Dinosauriern aus – bis auf die eine Art, die sich auf der damals schon isolierten Insel Neuseeland halten konnte. Die Ureinwohner Neuseelands, die Maori, nennen die Brückenechse „Tuatara“. Das bedeutet „Zickzackrücken“ und bezieht sich auf die Dornen, die das Männchen auf dem Rücken trägt. Das altertümliche Tier lebt in Erdhöhlen. Es frisst Regenwürmer, Schnecken, Insekten, Eidechsen und Vogeljungen. Im Unterschied zu den echten Echsen sind die Zähne der Brückenechsen fest mit dem Kiefer verbunden.

Überlebenschancen?
Die Brückenechse kam einst auch auf der Nord- und Südinsel Neuseelands vor. Heute findet man sie nur noch auf 30 kleinen Inselchen vor den Küsten Neuseelands.

Urtümliche Eidechse
Die Brückenechse sieht wie eine Eidechse aus, unterscheidet sich aber erheblich von ihr. Sie hat zum Beispiel zwei Schläfenfenster. Das Männchen hat keinen Penis. Beide Geschlechter paaren sich, indem sie ihre Kloaken aufeinander pressen.

Nachtschicht
Die Brückenechse geht vor allem nachts auf Insektenfang. Den Tag verbringt sie schlafend in ihrer Erdhöhle oder sie lässt sich am Eingang von der Sonne bescheinen.

Größe und Gewicht
Die Männchen der Brückenechse (unten) tragen auf dem Hals und dem Rücken große Dornen. Sie erreichen ein Gewicht von 1 kg und werden damit doppelt so schwer wie die Weibchen (oben). Die Körperlänge der Männchen liegt bei 60 cm, die der Weibchen bei 45 cm.

ISOLIERTES DASEIN

Vor 80 Millionen Jahren wurde Neuseeland von den übrigen Landmassen getrennt. Während die Schnabelköpfe in den anderen Erdteilen ausstarben, konnten sie sich auf der isolierten Insel halten. Abgesehen von Vögeln gelangte in der Folgezeit kein großer Räuber nach Neuseeland. Dann kam vor einigen tausend Jahren der Mensch. Er brachte Schweine und Ratten (Bild rechts) mit. Die Eindringlinge fraßen die Eier der Brückenechse und machten Jagd auf die Jungen.

Ausdauer
Brückenechsen können nicht schnell laufen. Sie warten geduldig, bis ihnen ein Beutetier nahe genug kommt. Diese Brückenechse hat eine große Neuseeländische Grille, eine Weta, bemerkt und lauert nun auf ihre Chance.

SCHON GEWUSST?

Die Brückenechsen im Süden leben in kälterer Umgebung und wachsen daher langsamer als ihre Artgenossen im Norden. Man weiß nicht, wie alt die Tiere werden, Schätzungen reichen bis zu 120 Jahren.

Zum Weiterlesen 8–9

Fliegengewichte
Das Madagassische Zwergchamäleon wird bis zu 9 cm lang. Die kleinste Echse mit 3,5 cm Länge ist ein Gecko der Jungferninseln. Er wiegt nicht einmal ein halbes Gramm.

Allerlei Echsen

Fallschirm
Der Faltengecko aus Südostasien hat an den Körperseiten Hautfalten. Beim Sprung spannt er sie auf und gleitet ein Stück weit durch die Luft.

Es gibt ungefähr 3750 Echsenarten auf der Welt. Sie treten in allen denkbaren Formen auf. Am kleinsten ist ein Zwerggecko mit 3,5 cm Länge, am größten der bis zu drei Meter lange Komodowaran. Einige Eidechsen sind gedrungen und flach, andere dagegen beinlos und schlangenähnlich. Es gibt hell leuchtende Warnfärbungen neben düsteren Tarntrachten, die ein Tier vor dem Hintergrund verschwinden lassen. Die meisten Echsen leben in den Tropen. Einige Arten kommen auch in kalten Gebieten und im Gebirge bis in 5000 Meter Höhe vor. Unsere Eidechsen und Blindschleichen verbringen die kalte Jahreszeit tief eingegraben im Boden in Winterstarre. Fast alle Echsen sind Räuber. Sie fressen alles, von Ameisen und anderen Insekten bis hin zu Säugern von der Größe einer Ziege. Eine große Rolle bei der biologischen Schädlingsbekämpfung spielen die Eidechsen. Ein Hausgecko vertilgt in einer einzigen Nacht die Hälfte seines Körpergewichts an kleinen Insekten. Die meisten größeren Echsen wie Skinke und Leguane ernähren sich hauptsächlich von Pflanzen und Früchten. Die Meerechse auf den Galapagosinseln hat sich sogar auf Meeresalgen spezialisiert.

Auf Ausguck
Warane sind schnelle Räuber der großen Wüsten und Graslandschaften. Sie kommen in Afrika, Asien und Australien vor und können sich auf ihren Hinterbeinen aufrichten. Der lange Schwanz dient dabei als Stütze.

SCHON GEWUSST?

Das Dreihornchamäleon hat stark hervortretende Augen, die es unabhängig voneinander bewegt. Mit dem einen Auge kann es ein Beutetier, mit dem anderen einen möglichen Räuber beobachten.

Die Mauereidechse hat die ideale Körperform für die Jagd und um sich zu verstecken.

Die Segelechse kann mit dem seitlich abgeflachten Schwanz gut schwimmen.

Warane haben peitschenförmige Körper. Sie verfolgen die Beute über lange Strecken.

Der beinlose Flossenfuß kriecht wie eine Schlange in engste Spalten.

Die Krötenechse ist mit ihrem flachen Körper am Wüstenboden gut getarnt.

SCHWANZFORM UND LEBENSWEISE

Bei den Eidechsen finden sich alle denkbaren Körper- und Schwanzformen. Der Schwanz hat eine bestimmte Aufgabe.

Chamäleons haben Greifschwänze. Sie wickeln diese bei der Jagd um Äste und halten sich damit fest.

Australische Tannenzapfenechsen leben in trockenen Gebieten. Das Fett in ihrem keulenförmigen Schwanz liefert Energie und Wasser.

Die Schwänze der Skinke sind lang und stromlinienförmig. Die meisten Arten werfen bei einem Angriff den Schwanz ab.

Blattschwanzgeckos sind mit ihren flachen Schwänzen auf Felsen und auf Bäumen gut getarnt.

Urzeitdrache
Boyds Winkelkopfagame aus Nordostaustralien ist eine der größten Echsenarten der Welt. Sie kann ihre Kehlhaut entfalten und auf diese Weise mit ihren Artgenossen Nachrichten austauschen.

Viele Gestalten

Echsen kommen fast überall auf der Erde vor – vom feuchten Regenwald bis zur glühend heißen Wüste, vom Tiefland bis zum Hochgebirge. Ihren jeweiligen Lebensräumen sind sie gut angepasst. Alle Echsen haben eine Schuppenhaut. Diese ist bei Tagtieren rau, bei Nachttieren wie den Geckos eher weich, mit perlenartigen Schuppen. Bei den im Boden grabenden Echsen ist die Haut glatt, um die Reibung zu verringern. Viele haben große Augen. Dahinter sitzt das Trommelfell, das bei den unterirdisch lebenden Echsen von einer Schuppenhaut bedeckt ist. Wie das Chamäleon besitzen die meisten Echsen eine fleischige Zunge, mit der sie Beutetiere fangen. Bei den Waranen ist diese gespalten. Mit der Zunge nehmen die Tiere auch Riechstoffe aus der Luft auf und überprüfen sie in einem eigenen Sinnesorgan. Die Beute wird mit spitzen Zähnen zermalmt. Das Krachen der Knochen ist oft weit zu hören. Pflanzen fressende Echsen haben flache Zähne, mit denen sie die Nahrung zerreiben. Bei Echsen, die sich von Schnecken ernähren, sind die Zähne abgerundet, um die Schalen zertrümmern zu können.

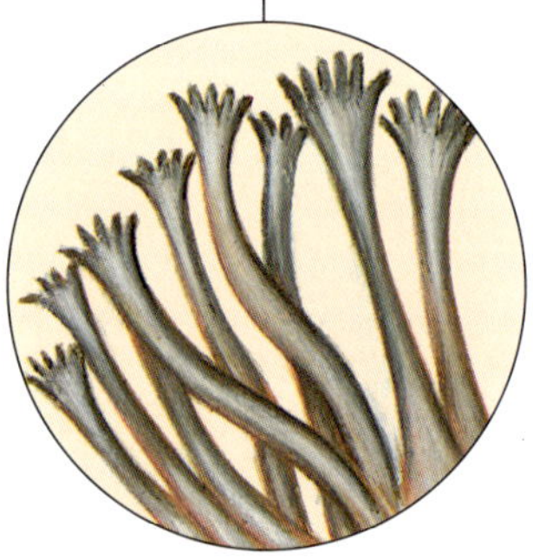

An der Steilwand
Die Zehen der Geckos tragen feinste, haarähnliche Fortsätze. Diese haften an winzigen Unebenheiten des Untergrunds und erlauben es den Tieren, Wände hochzuklettern und sogar an der Zimmerdecke spazieren zu gehen.

Im Reißwolf
Die meisten Echsen haben gleichartig geformte, spitze Zähne. Damit können sie Nahrung nur zermalmen, nicht aber zerschneiden oder gar kauen. Deswegen müssen sie ihre Beutetiere im Ganzen schlucken.

SCHON GEWUSST?

Beinlose Echsen und Schlangen sehen sich sehr ähnlich. Erst bei genauem Hinsehen erkennt man, dass die meisten Schleichen hinter den Augen ein Trommelfell haben. Bei den Schlangen fehlt es. Echsen haben spitze Zungen, Schlangen gespaltene.

Klebrige Zunge
Das Chamäleon bewegt sich auf die Fliege zu. Plötzlich schnellt seine unglaublich lange Zunge nach vorn. Sie ist mit klebrigem Schleim bedeckt, an dem die Beute hängen bleibt.

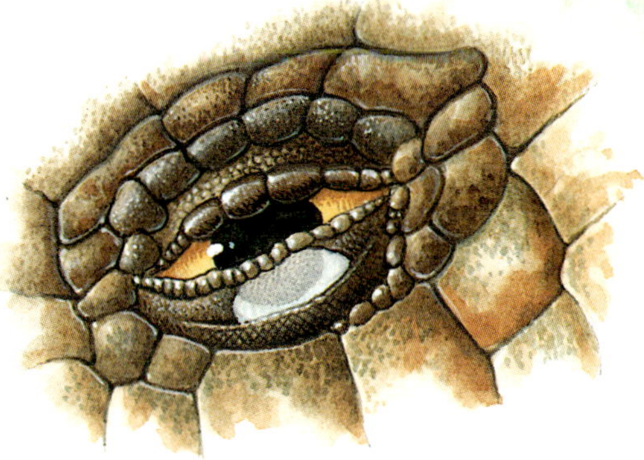

Ein Fenster im Lid
Viele Echsen haben ein kleines, klares Fenster im Augenlid. Damit können sie ihre Umwelt beobachten, während sie die Augen geschlossen halten, um sie vor Austrocknung oder Staub zu schützen.

WIE BEINE VERSCHWINDEN

Die meisten Eidechsen haben vier Beine. Bei den Schleichen sind diese jedoch verkümmert oder völlig verschwunden. Die Tiere graben meistens im Boden oder bewohnen enge Felsspalten, in denen ihnen Beine kaum von Nutzen wären. Jahrmillionen vergingen, bis einige Echsen im Lauf der Evolution ihre Beine verloren. Im Allgemeinen verkümmerten zuerst die Vorderbeine. Dabei wurden einzelne Knochen immer kleiner oder es gingen ganze Knochen verloren. Zuerst verschwanden die Zehen (siehe Bild).

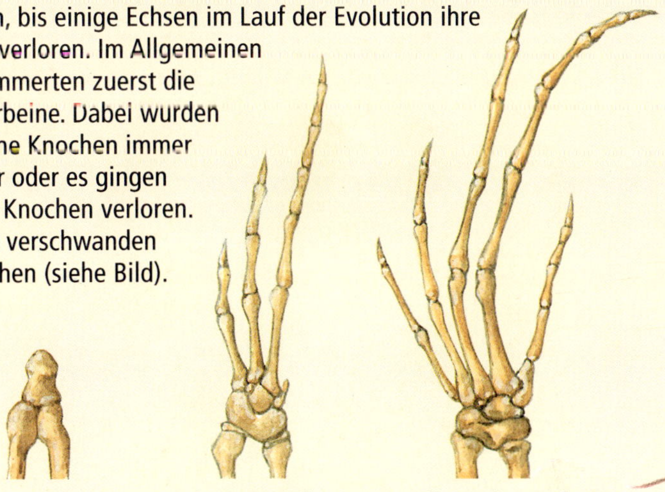

keine Zehen **reduzierte Zehen** **vollständige Zehen**

Spitze Zunge
Die Europäische Blindschleiche setzt ihre spitze Zunge beim Beutefang ein.

Fleischige Zunge
Die Tannenzapfenechse erschreckt Beutetiere mit ihrer blauen Zunge.

Gespaltene Zunge
Warane „riechen" die Beute mit Hilfe ihrer gespaltenen Zunge.

Der Nachwuchs

Die meisten Echsen legen Eier. Bei einigen Geckos und Skinken reicht ein Ei zur Erhaltung der Art aus. Andere Echsen bringen bis zu 40 Eier hervor. Nur wenige Arten treiben eine Brutpflege, indem sie ihre Eier bewachen. Die meisten legen ihre Eier ab, bedecken sie mit Erde und Blättern und überlassen sie dann ihrem Schicksal. Einige Echsenarten gebären lebende Junge. Die Eier machen ihre Entwicklung im Innern des weiblichen Körpers durch. Die europäische Bergeidechse legt in warmen Gebieten Eier. In kühleren Gegenden reichen die Temperaturen jedoch nicht für die Entwicklung der Eier, sodass die Weibchen fertige Junge auf die Welt bringen. Eidechsen brauchen nach dem Schlüpfen keine Pflege und können sofort für sich selbst sorgen. Dennoch lauern überall Gefahren. Die Jungen fallen vor allem Spinnen und Säugern zum Opfer. Nur wenige überleben und pflanzen sich fort.

Mitbewohner
Einige australische Warane legen ihre Eier in Termitenbauten, wo sie geschützt und warm liegen. Die Mutter muss dann den harten Termitenbau aufbrechen, um die frisch geschlüpften Jungen zu befreien.

SCHON GEWUSST?

Geckos kleben ihre widerstandsfähigen Eier oft an Baumrinden oder Blätter. Die Eier gelangen mit Baumstämmen oder großen Ästen weit hinaus aufs Meer. Deshalb kommen Geckos auch auf Inseln vor, auf denen es sonst keine Eidechsen gibt.

Die richtige Zeit
Das Weibchen des Halsbandleguans kann seine Eier so lange im eigenen Körper tragen, bis die äußeren Bedingungen für eine Eiablage günstig sind.

Schlüpfen
Ein junger Halsbandleguan bahnt sich seinen Weg ins Freie. Um die Schale zu öffnen. benutzt er seinen Eizahn auf der Oberlippe. Dieser Zahn fällt sofort nach dem Schlüpfen aus.

JUNGFERNZEUGUNG

Einige Chamäleons, Geckos, Nachtechsen, Rennechsen (Bild unten) und Krokodilschwanzechsen brauchen für die Fortpflanzung keine Männchen. Ihre Eier müssen nicht befruchtet werden. Wir bezeichnen dies als Jungfernzeugung oder Parthenogenese. Bei einigen Arten gibt es überhaupt keine Männchen mehr.

Kleiner Wurf
Viele Skinke sind lebend gebärend. Die australische Tannenzapfenechse hat meist nur zwei Junge – eine geringe Zahl, die für das Überleben der Art aber ausreicht.

Großer Wurf
Der australische Blauzungenskink, eine Tannenzapfenechse, bringt mehrere Junge zur Welt. Diese sind kleiner als die Jungen eines zahlenmäßig geringeren Wurfes.

Zum Weiterlesen 36–37

Kinder der Wärme

Wie alle Kriechtiere regeln auch die Eidechsen ihre Körpertemperatur durch ihr Verhalten. Um sich aufzuwärmen, legen sie sich in die Sonne oder suchen eine erwärmte Steinplatte auf. Um sich abzukühlen, ziehen sie sich aus der Sonne zurück. Sie kriechen in den Schatten oder in eine Felsspalte. In den Tropen und in Wüsten sind viele Echsen nachts aktiv. Dort sind die Temperaturen auch noch lange nach Sonnenuntergang verhältnismäßig hoch. In den gemäßigten Klimagebieten dagegen verbringen die Eidechsen den Winter tief im Boden vergraben. Da die Körpertemperatur der Reptilien je nach ihrer Umgebung schwankt, nennen wir sie wechselwarm. Sie halten durch innere Mechanismen ihre Körpertemperatur konstant. Dazu verbrauchen sie aber viel Energie, denn sie müssen einen großen Teil ihrer Nahrung in Wärme verwandeln.

Ein kühles Plätzchen
In Wüsten verbergen sich die Echsen während der heißesten Tagesstunden in Spalten oder Höhlen. An diesen Stellen ist die Luftfeuchtigkeit oft auch etwas höher, sodass die Tiere weniger Wasser verlieren.

Voller Energie
Nach dem Aufwärmen hat die Zauneidechse genügend Energie, um auf die Jagd zu gehen, sich zu paaren und ihr Revier zu verteidigen.

Ruhen
Die Zauneidechse wärmt sich in der Sonne auf und tankt dabei Energie für den ganzen Tag.

Aufwachen
Die Zauneidechse wacht bei Sonnenaufgang auf und verlässt ihr Versteck.

Farbwechsel
Am Morgen und am späten Nachmittag wird die Haut des Nashornleguans dunkler. Sie kann dadurch mehr Sonnenwärme aufnehmen. Während der größten Tageshitze ist die Haut heller, um Wärmestrahlen zu reflektieren.

Tagschläfer
Dieser häufige Pfeifgecko verbirgt sich tagsüber und geht erst am frühen Abend auf Jagd.

SCHON GEWUSST?

Die wechselwarmen Kriechtiere können auch extreme Umweltbedingungen wie Trockenheit und Kälte gut überleben. Ihr Herzschlag geht dann zurück. Sie atmen langsamer und das Verdauungssystem hört zu arbeiten auf.

Verbergen
Während der wärmsten Tagesstunden zieht sich die Zauneidechse zurück, um sich nicht zu überhitzen.

Voller Energie
Am frühen Nachmittag nimmt die Zauneidechse ihre Aktivität wieder auf.

Ein Tag im Leben einer Eidechse

Wie die meisten tagaktiven Reptilien kennt auch die Zauneidechse einen Wechsel von Ruhe und Aktivität. Ihr Tagesrhythmus hängt wesentlich von der Dauer des Sonnenscheins ab.

Ruhen
Am späten Nachmittag legt sich die Zauneidechse in die Sonne und verdaut die erbeutete Nahrung.

Am Ende des Tages
Wenn die Sonne sich dem Horizont nähert, beginnt die Eidechse, sich in ihr Versteck zurückzuziehen.

Bereit für den Schlaf
Die Zauneidechse rollt ihren Körper eng auf, um nachts möglichst wenig Wärme zu verlieren.

NACHTLEBEN

Unter den Eidechsen sind vor allem die Geckos nachtaktiv. Sie verlassen kurz nach Sonnenuntergang ihr Versteck und machen auf dem noch warmen Boden Jagd auf Insekten. Geckos müssen nachts gut sehen können. Sie haben große Augen und ihre Pupillen sind breite, senkrechte Schlitze. Diese sind weit geöffnet, damit möglichst viel Licht einfällt.

Sonnenbad
Selbst wenn die Sonne nachmittags von Wolken bedeckt ist, können Echsen Wärme für ihre Aktivitäten aufnehmen. Sie schmiegen sich dann eng an warme Felsen an.

Vorsicht! Giftig!
Die 45 cm lange Gila-Krustenechse Nordamerikas ist eine der beiden einzigen giftigen Echsen. Für Menschen ist ihr Biss allerdings selten tödlich. Die Krustenechse speichert Fett in ihrem Schwanz und kann mehrere Monate ohne Nahrung überleben.

Auf heißem Boden
Dieser Gitterschwanzleguan hebt seinen Körper vom heißen Untergrund ab und verwirrt dadurch auch seine Feinde. Sein Schatten ist nämlich viel deutlicher zu sehen als sein gut getarnter Körper.

Stacheltier
Der Wüsten- oder Dornteufel Australiens sieht Furcht erregend aus, ist aber harmlos. An das Wüstenleben ist er bestens angepasst. Seine Schuppen sind so angeordnet, dass ihm das Regenwasser über den Körper in den Mund fließt.

Leben in der Wüste

Wüsteneidechsen müssen Hitze ertragen und mit sehr wenig Wasser auskommen. Auf hohe Temperaturen zeigen sie unterschiedliche Reaktionen. Viele Arten sind nachtaktiv: Sie jagen am frühen Abend, wenn der Boden noch warm ist. Die tagaktiven Arten graben sich während der heißesten Zeit des Tages im Sand ein oder sie verbergen sich in Spalten und unter Steinen. Einige heben ihren Körper auch vom Boden ab, damit er möglichst nicht mit dem heißen Wüstensand in Berührung kommt. Die Versorgung mit Wasser macht allerdings größere Probleme. Die meisten Wüstenechsen nehmen das benötigte Wasser nur über ihr Futter auf. Überschüssige Nahrung verwandeln sie in Fett, das im Schwanz gespeichert wird. Bei Bedarf wird das Fett in Energie umgewandelt, wobei auch Wasser entsteht. Der Kot aller Echsen ist vollkommen trocken, sodass auf diese Weise kaum Wasser verloren geht.

Wüstenskinke
Besonders Skinke sind im Stande, sich im lockeren Wüstensand wie im Wasser fortzubewegen. Man bezeichnet sie deshalb als Sandschwimmer oder Sandfische. Mit ihrer keilförmigen Schnauze tauchen sie in den Sand ab, um Feinden zu entkommen.

Gewusst wie
Der Wüsten bewohnende Fransenfinger hebt ein Vorderbein und das schräg gegenüberliegende Hinterbein hoch, um seine Füße zu kühlen. Während dieser Zeit balanciert er auf zwei Beinen. Dann wechselt er die Stellung.

SPEZIALFÜSSE

Viele Sandbewohner haben Schwimmhäute oder eine Art Fransen an den Zehen, um die Oberfläche zu vergrößern. Beim Wüstengecko ist der Fuß als Schaufel ausgebildet (rechts). Damit kann er Gänge graben und sich auf der Flucht oder auf der Jagd durch Sanddünen hindurcharbeiten. Die federartigen Schuppen an den Zehen des Fransenfingers (unten) verhindern ein zu starkes Einsinken im weichen Untergrund. Gleichzeitig helfen die Fransen dabei, die Füße kühl zu halten.

Zum Weiterlesen 12–13

Beutefang unter der Erde
Die Doppelschleichen nehmen Beutetiere durch Schwingungen des Untergrunds wahr und graben sich dann schnell zu ihnen vor. Insekten, auf die sie beim Graben ihrer Tunnels stoßen, zertrümmern sie mit ihren scharfen Zähnen und kräftigen Kiefern.

Seitliches Graben
Doppelschleichen mit keilförmiger Schnauze pressen die lockere Erde mit seitlichen Bewegungen an die Tunnelwand, während sie sich langsam vorwärts bewegen.

Auf-und-ab-Bewegungen
Doppelschleichen mit schaufelförmiger Schnauze werden 10–75 cm lang. Mit Auf-und-ab-Bewegungen des Kopfes verdichten sie die lockere Erde am Tunneldach. Von den dachziegelförmig angeordneten Schuppen perlt die Erdkrume ab.

Unter der Erde

Die Doppel- oder Wurmschleichen gehören zu den merkwürdigsten Echsen der Welt. Sie verbringen den größten Teil ihres Lebens im Boden, vor allem unter der Waldstreu wärmerer Gebiete in Afrika, Südostasien, Südwesteuropa und Amerika. Der Zoologe unterscheidet vier Familien mit rund 140 Arten. Die meisten haben keine Füße. Nur die Familie der Handwühlen aus Mexiko besitzt kräftige Vorderbeine. Allen Wurmschleichen ist der zylindrische Körper gemeinsam. Mit ihrem harten, kräftigen Kopf graben sie Gänge im Boden. In diesen engen Tunnels bewegen sie sich wie Schlangen vorwärts. Alle Doppelschleichen haben stark zurückgebildete Augen, die unter einer durchsichtigen Haut verborgen liegen. Mit ihren scharfen Zähnen und kräftigen Kiefern zermalmen sie Insekten und andere wirbellose Tiere, die sie in ihren Tunnels finden. Das Trommelfell ist bei den Doppelschleichen unter der Haut verborgen. Die Doppelschleichen nehmen Beutetiere und Feinde durch Schwingungen des Bodens wahr. Die meisten Arten legen Eier, einige bringen aber auch lebende Junge zur Welt.

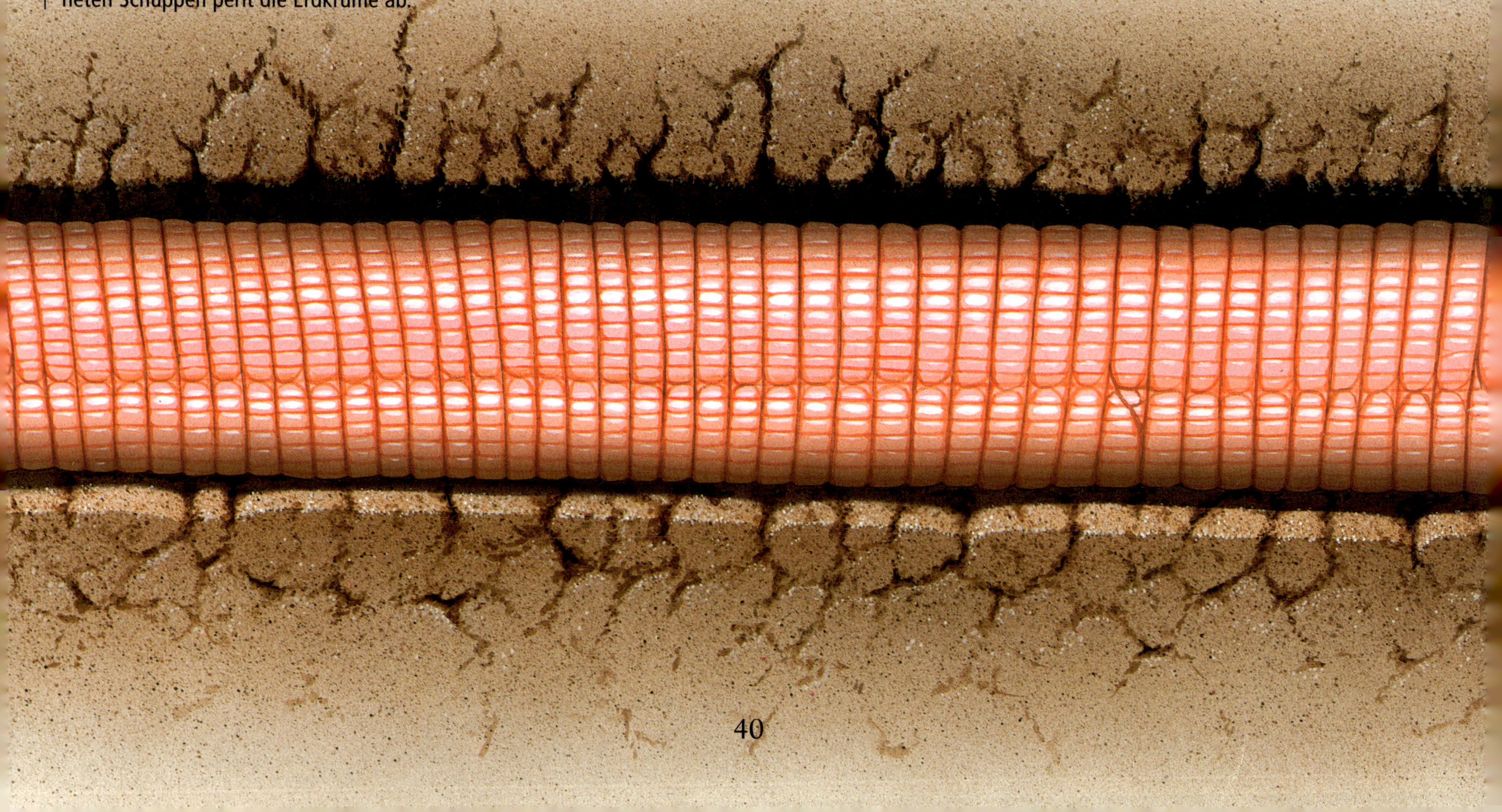

Kopf und Schwanz
Der Schwanz der Doppelschleichen trägt als Schutz vor Feinden eine Panzerung. Auch die Schilde am Kopf sind wegen der eigentümlichen Fortbewegungsweise verstärkt.

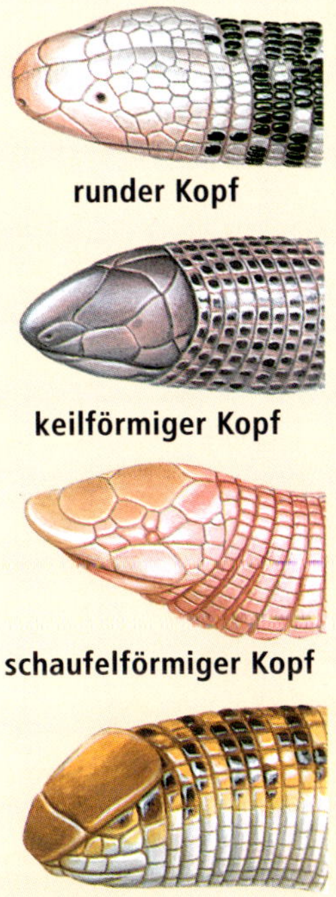

VERSCHIEDENE KÖPFE

Die meisten Doppelschleichen graben ihre Gänge mit dem Kopf. Dabei ist die Form des Kopfes der jeweiligen Grabtechnik angepasst. Die Arten mit rundem Kopf bewegen diesen in alle Richtungen, um einen Gang zu bohren und die Erde zu verfestigen. Der keilförmige Kopf wird zuerst nach vorn und dann nach der Seite, der schaufelförmige Kopf nach oben und unten bewegt. Schleichen mit einem meißelförmigen Kopf drehen diesen zuerst in die eine und dann in die andere Richtung.

Grabwerkzeuge
Die Handwühle aus Mexiko hat stark vergrößerte, paddelartig abgeflachte Vordergliedmaßen. Beim Graben eines Ganges wirft sie die Erde nach hinten aus. Der erste Finger enthält übrigens mehr Knochen, als es sonst bei Reptilien üblich ist.

Schwanzende
Bei dieser Doppelschleiche ist wie bei vielen verwandten Arten schwer zu entscheiden, wo der Kopf und wo der Schwanz liegt. Doppelschleichen werfen bei Gefahr ihren Schwanz ab.

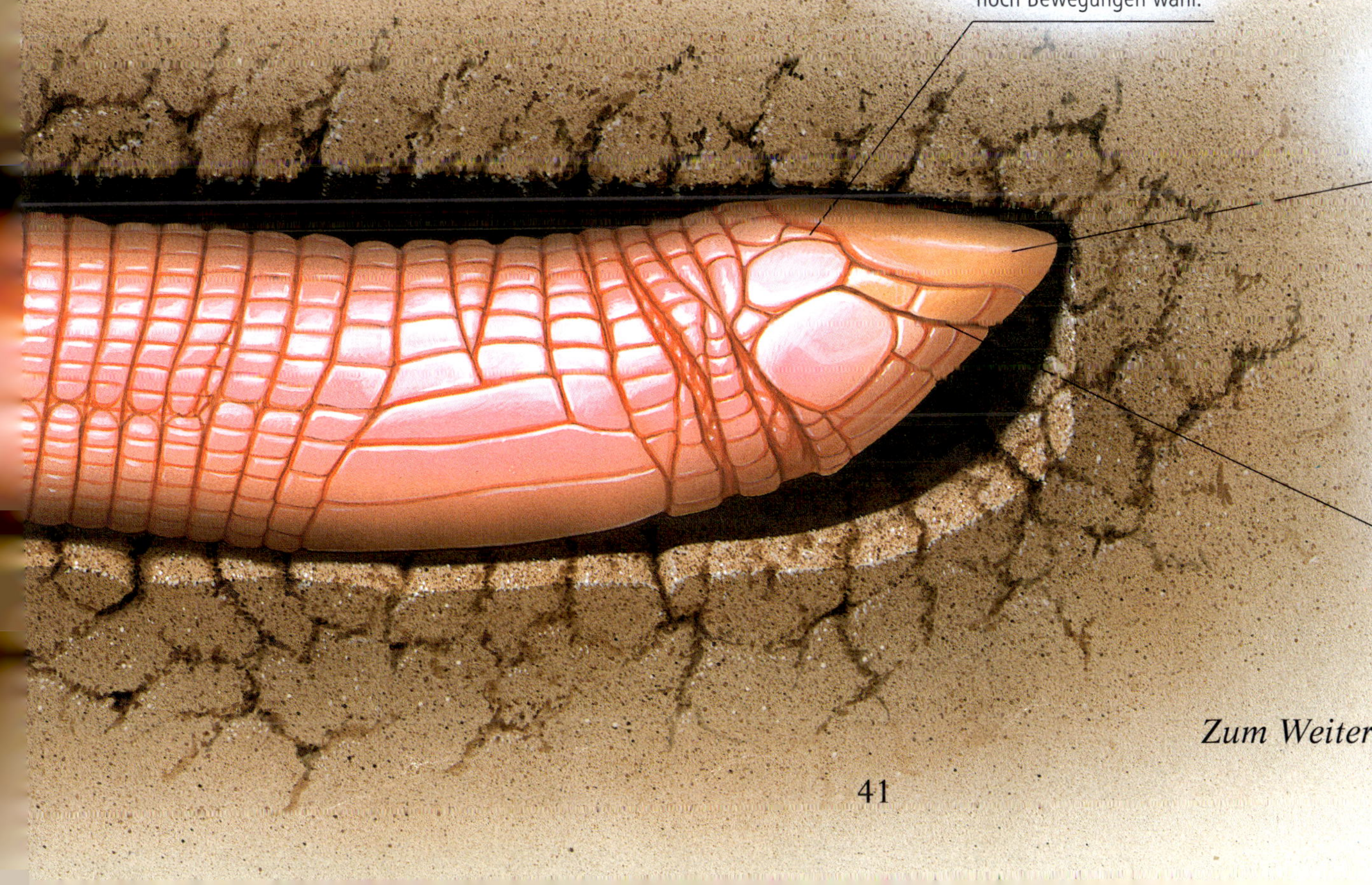

Unsichtbares Auge
Die Augen der Doppelschleichen sind sehr einfach und kaum zu erkennen. Die Tiere nehmen nur Hell und Dunkel sowie gerade noch Bewegungen wahr.

Eine harte Schnauze
Doppelschleichen haben an der Schnauze verstärkte Kopfschilde. Sie bahnen sich damit ihren Weg durch das Erdreich.

Zurückgezogener Mund
Der Mund der Doppelschleichen liegt unter der Schnauze, damit beim Graben keine Erdteilchen eindringen können.

Zum Weiterlesen 30–31

Verteidigung und Flucht

Echsen haben viele Feinde. Nicht nur stärkere Verwandte, auch Spinnen, Skorpione, Schlangen, Vögel und Säuger machen Jagd auf sie. Nur die Gila-Krustenechse und die Skorpion-Krustenechse schrecken durch ihr Gift ab. Alle anderen Arten müssen sich verteidigen oder ihr Heil in der Flucht suchen. Die meisten Echsen sind gut getarnt. Sie verfallen in Starre, wenn ein Räuber naht. Chamäleons können die Hautfarbe ihrer Umgebung anpassen und verharren einer herannahenden Baumschlange gegenüber völlig bewegungslos. Einige Echsen lenken einen Angreifer erst ab, um dann die Chance zur Flucht zu ergreifen. Die australische Kragenechse öffnet eine Hautfalte unter dem Kopf und stößt dabei drohende Zischlaute aus. Andere Echsen richten Kämme auf, fauchen oder verschlucken Luft, um größer zu erscheinen. Manche blähen sich richtig auf, damit man sie nicht verschlucken kann. Einige zeigen auch ihre Zunge in grellen Schreckfarben. Unsere einheimischen Eidechsen werfen ihren Schwanz ab, wenn man sie daran festhalten will. Eine Zeit lang bewegt sich dieser noch durch Muskelzucken und lenkt so den Angreifer ab. Das ist ihre Art der Verteidigung.

Huch!
Einige Echsen versuchen Angreifer zu erschrecken, indem sie sich größer machen, als sie in Wirklichkeit sind. Die australische Kragenechse sperrt dazu ihr Maul auf, öffnet ihre Halskrause und zischt dabei laut.

Vorsicht!
Der Panzer-Gürtelschweif rollt sich bei Gefahr zu einer Kugel zusammen und schützt sich durch die spitzen Schwanzstacheln.

REGENERATION

Sobald ein Räuber eine Eidechse, einen Gecko oder einen Skink am Schwanz packt, werfen die bedrohten Tiere diesen ab. Der Räuber ist mit dem sich windenden, zuckenden Schwanz beschäftigt und glaubt, es handle sich um das ganze Tier. In der Zwischenzeit entkommt die Echse. Der Schwanz wächst wieder nach, wenn auch nicht in der ursprünglichen Länge. Die Schwanzwirbel werden durch Bindegewebe ersetzt und die Muskeln und Schuppen sind oft unregelmäßig (siehe Bild).

SELTSAM, ABER WAHR

Die Krötenechse vertreibt Feinde mit einer merkwürdigen Waffe – ihrem eigenen Blut. Mit besonderen Muskeln bringt sie Blutgefäße in der Umgebung der Augen zum Platzen. Dabei spritzt ihr Blut bis zu einem Meter weit.

Laufen auf dem Wasser
Der Basilisk, eine Leguanart aus Mittelamerika, entkommt seinen Feinden, indem er mehrere Meter weit auf der Wasseroberfläche läuft. Fransen an den Zehen verhindern, dass er einsinkt. Dann taucht er unter und schwimmt davon.

Genau hinsehen
Die meisten Räuber reagieren auf die geringsten Bewegungen. Deshalb machen sich baumbewohnende Winkelkopfagamen selbst unsichtbar. Diese Agamen verfallen in Starre und versuchen so, wie ein Ast auszusehen.

Zum Weiterlesen 58–59

Auf Tuchfühlung

Kopfnicken
Halsbandleguane verwenden als Signale für Artgenossen ein schnelles Kopfnicken. Wenn ein Rivale in ihr Territorium eindringt, heben sie ihren Körper vom Boden ab. Mit dieser Drohgebärde wollen sie größer aussehen.

Die meisten Echsen leben allein. Nur bei der Paarung oder bei der Verteidigung ihres Territoriums treten sie mit ihren Artgenossen in Verbindung. Um sich zu verständigen, verwenden sie die unterschiedlichsten Signale: Sie vergrößern ihren Kamm, blähen die Kehlhaut auf, bewegen die Vorderbeine, schlagen mit dem Schwanz hin und her oder verändern ihre Farbe. Viele Echsenmännchen nicken mit dem Kopf und stellen dadurch ihren farbigen Kehlsack zur Schau. Damit zeigen sie den Weibchen, dass sie paarungsbereit sind. Gleichzeitig werden Rivalen gewarnt, in ihr Territorium einzudringen. Durch den Wechsel der Hautfarbe zeigen Chamäleons innere Stimmungen an. Agamenmännchen verfärben sich zur Paarungszeit oft auffällig. Die Weibchen zeigen den Männchen nach der Eiablage durch ihre Farbe an, dass sie an einer weiteren Paarung nicht mehr interessiert sind. Die meisten Geckos sind nachtaktiv. Ihnen würden Farben als Signale wenig nützen. Sie verständigen sich über Laute und grenzen ihr Revier durch Bellen oder Zirpen ab.

Ein roter Kopf
Chamäleonmännchen warnen Rivalen durch Farbwechsel vor dem Betreten ihres Territoriums. Dieses Chamäleon verwendet zur Einschüchterung die Farbe Rot.

Paarungssignale
Die Männchen und Weibchen der Meerechse auf den Galapagosinseln sind normalerweise bräunlich grau. Während der Fortpflanzungszeit verfärben sich die Kämme und Vorderbeine des Männchens grün, die Körperseiten rostrot. Daran erkennen die Weibchen, dass die Männchen paarungsbereit sind.

Ein zu großer Brocken
Die Bartagame überrascht Feinde, indem sie den bunt gefärbten Rachen aufreißt. Sie bläht auch den Kehlsack auf und vergrößert so ihr Aussehen. Manchem erscheint sie dann als zu große Beute.

Farbsignale
Männliche Anolis haben bunt gefärbte Kehlsäcke, die sie aufblasen. Die Farben werden plötzlich sichtbar. Damit warnen die Männchen Rivalen und ziehen die Weibchen an.

Freundlicher Hausgeist
Fast jedes Haus in Südostasien wird von einem Gecko bewohnt. In Malaysia und Indonesien heißen die Tiere wegen ihres Rufes Tokee. Solange ein Tokee im Haus lebt, bleibt seinen Bewohnern das Glück treu.

CHEMISCHE VERSTÄNDIGUNG

Echsen müssen bei Begegnungen mit Artgenossen erst herausfinden, ob es sich um Rivalen oder Geschlechtspartner handelt. Dies geschieht vor allem mit Hilfe von Pheromonen. Diese Duftstoffe werden von Hautdrüsen erzeugt. Die Tiere nehmen Pheromone mit der Nase oder mit einem besonderen Riechorgan im Munddach wahr, dem Jacobsonschen Organ. Wenn eine Echse ihre Zunge herausstreckt (Bild unten), nimmt sie Riechstoffe auf und führt sie zur Überprüfung dem Jacobsonschen Organ zu.

Dick und dünn

Es gibt fast 2400 Arten von Schlangen – von der zehn Zentimeter langen, fingerdicken Blindschlange bis zur Anakonda, die elf Meter lang, 200 Kilogramm schwer und so dick wie ein Autoreifen wird. Alle haben sie eine ähnliche Körperform, doch die Vielfalt der Farben, Muster und Verhaltensweisen ist ungeheuer groß. Schlangen fressen Ameisen und Eier, Schnecken, Mäuse und Ratten, ja selbst Wildschweine und Ziegen. Sie können selbst große Beutetiere im Ganzen schlucken, weil elastische Bänder zwischen den Kieferknochen es ihnen ermöglichen, ihr Maul sehr weit zu öffnen. Manche Schlangen sind unvorstellbar giftig: Bei einem einzigen Biss wird so viel Gift freigesetzt, dass es für die Tötung mehrerer tausend Mäuse reicht. Einige Kobraarten beißen nicht, sondern spritzen ihr Gift aus der Entfernung zielgerichtet in die Augen des Feindes oder der Beutetiere. Ungiftige Riesenschlangen wie der Python winden sich um ein Beutetier und erdrücken es. Dabei brechen sie ihm oft die Knochen. Einige Fisch fressende Schlangen haben eine Haut wie Schmirgelpapier, um ihre glitschige Beute besser festhalten zu können.

Ein lebendes Seil
Die Spitznatter Mittel- und Südamerikas wird bis zu 3 m lang. Ihr Körper hat jedoch nur einen Durchmesser von etwas über 1 cm. Mit ihrer grünen Farbe ist die Natter in der Pflanzenwelt hervorragend getarnt. Sie bewegt sich schnell und elegant im Geäst.

Sinnvolles Muster
Viele Giftschlangen sind bunt gefärbt und tragen somit eine Warntracht. Harmlose Arten wie diese Dreiecksnatter oder Milchschlange ahmen die Farben der giftigen Korallenottern nach. Sie genießen somit dieselbe Achtung wie ihre giftigen Vorbilder.

Eine große Boa
Die schwerste Schlange der Erde ist die Anakonda. Sie jagt Fische und Kaimane in den Flüssen. An Land lauert sie oft tagelang neben einem immer wieder benutzten Tierwechsel auf Beute.

Köpfe
Der Python hat einen großen Kopf. Im Kiefer sitzen viele Zähne, mit denen er sich in sein Opfer verbeißt. Der Kopf der Viper ist kurz. Sie hat zwei Giftzähne. Bei Erdschlangen ist der Kopf abgerundet. Sie graben damit Gänge. Baumschlangen haben schmale, keilförmige Köpfe.

ANPASSUNG DER KÖRPERFORM

Je nach Lebensweise und Lebensraum haben die Schlangen unterschiedliche Körperformen.

Bodenbewohnende Schlangen haben fast runde Körper. Kräftige Muskeln erlauben rasche Bewegungen auf Sand und Fels.

Die Baumschlangen zeigen im Querschnitt eine Kastenform. Mit den Kielen am Bauch finden diese Tiere an den Ästen guten Halt.

Bei Seeschlangen ist der Körper seitlich stark abgeflacht. Er dient insgesamt als Paddel für die Fortbewegung im Wasser.

SCHON GEWUSST?

Das Reptil Pachyrachis, das vor rund 100 Millionen Jahren lebte, hatte den Körper einer Schlange. Es war vermutlich einer der Vorfahren unserer heutigen Schlangen.

Einteilung
Die Biologen teilen die Schlangen auch nach dem Verhältnis von Körperlänge zu Körperform ein: klein und schlank (Blindschlange), kurz und dick (Viper) oder groß und zylinderförmig (Netzpython).

Zum Weiterlesen 50–51

Der Duft einer Beute
Fast alle Schlangen fressen andere Tiere. Sie züngeln mit ihrer gespaltenen Zunge und nehmen dabei Duftmoleküle von Beutetieren auf. Diese überprüfen sie im Jacobsonschen Organ, das sich im Munddach befindet.

Sondermodell

Die Schlangen haben sich aus echsenähnlichen Tieren entwickelt. Diese wurden immer länger und schlanker und verloren schließlich ihre Gliedmaßen. Auch die inneren Organe mussten sich diesen Veränderungen und dem lang gestreckten Körper anpassen. Die Geschlechtsorgane und die Nieren fanden nur noch hintereinander und nicht mehr nebeneinander im Körper Platz. Bei vielen Schlangen wurde die linke Lunge sogar zurückgebildet. Das Fehlen von Gliedmaßen ermöglicht es den Schlangen, Räubern zu entkommen, indem sie sich in enge Spalten quetschen. Sie können dort auch auf Jagd gehen. Schlangen haben scharfe, spitze Zähne, die bei vielen Arten mit Giftdrüsen in Verbindung stehen. Wenn eine Schlange wächst, muss sie sich gelegentlich häuten, da ihre Außenhaut nicht mitwachsen kann. Schlangen gibt es in fast allen Lebensräumen, selbst im Wasser und im Meer. Nur die kältesten Gebiete der Erde, die höchsten Bergspitzen und das ewige Eis bleiben ihnen verschlossen.

Häutung
Da bei Schlangen die Haut nicht mitwächst, muss sie von Zeit zu Zeit abgestreift werden. Dazu reibt die Schlange die Nase an einem harten Gegenstand, bis die Haut aufplatzt. Dann schält sie sich aus der Haut. Die alte Haut, das „Schlangenhemd", wird dabei umgestülpt.

Kriechen auf dem Boden
Die Schlangen haben ihre Gliedmaßen eingebüßt. Sie bewegen sich mit Hilfe von Muskeln fort, die an den Rippen ansetzen.

SCHON GEWUSST?

Einige Pythons und Blindschlangen haben noch winzige Überreste ihrer Hintergliedmaßen. Diese bilden eine Art Sporne an den Körperseiten, nahe am Schwanzanfang. Die männlichen Pythons setzen die Sporne bei der Paarung ein.

NÜTZLICHE SCHUPPEN

Die Form der Schuppen verrät bei Schlangen einiges über die Lebensweise. Die meisten Schlangen in feuchten Biotopen und im Süßwasser haben gekielte Schuppen. Sie erhöhen die Reibung und helfen mit, das Gleichgewicht bei der Schlängelbewegung zu halten. Im Boden grabende Schlangen haben glatte Schuppen, sodass die Reibung herabgesetzt wird. Bei vielen Wasser- und Seeschlangen sind die Schuppen körnig wie Schmirgelpapier. Damit können die Tiere schlüpfrige Fischbeute besser festhalten.

gekielt

glatt

körnig

Kontaktlinsen
Schlangen haben keine beweglichen Augenlider. Stattdessen sind die Augen von einem festen, durchsichtigen Lid bedeckt. Nachtaktive Arten haben meist eine senkrechte Pupille, ähnlich wie bei Katzenaugen.

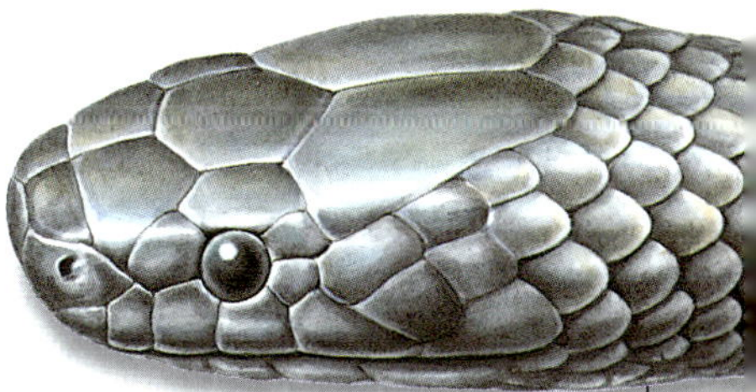

Kleine Augen
Nachtaktive Schlangen haben nur kleine Augen. Sie brauchen diese auch nicht für die Jagd. Ihre Beute spüren sie mit der Zunge oder einem besonderen Wärmesinnesorgan auf.

Große Augen
Tagaktive Schlangen haben große Augen, weil sie bei der Jagd auf den Gesichtssinn angewiesen sind. Zusätzlich verwenden auch diese Schlangen ihre Zunge, um Warmblüter aufzuspüren.

Mahlzeit

Alle Schlangen fressen Tiere. Doch die Fangmethoden sind sehr unterschiedlich. Die einen lauern der Beute auf, die anderen gehen aktiv auf Pirsch. Einige Schlangenarten begnügen sich mit leichter Beute, etwa den Eiern von Vögeln und Reptilien, auch denen von anderen Schlangen. Sehr wenige Schlangenarten haben sich auf Krabben, Würmer oder Schnecken spezialisiert, die sie aus der Schale herausziehen. Die Riesenschlangen, zu denen der Python und die Boa Constrictor zählen, wickeln sich um ihren Fang und versuchen, ihn zu erwürgen. Wenn das Beutetier ausatmet, drückt der Python noch stärker zu, sodass sein Opfer schneller erstickt. Über die Hälfte aller Schlangen setzen Gift beim Beutefang ein. Es wird in Drüsen erzeugt und mit gefurchten oder hohlen Zähnen eingespritzt. Klapperschlangen haben feine Gruben vorn an der Schnauze; bei vielen Pythons und einigen Boas sitzen diese oberhalb der Lippe. Die Gruben enthalten Wärmesinnesorgane, die Temperaturunterschiede von nur einem tausendstel Grad wahrnehmen.

Im Visier
Die Wärmesinnesorgane der Klapperschlange sind so empfindlich, dass sie selbst bei völliger Dunkelheit zielgenau das Herz trifft. Die Giftzähne liegen flach am Mundboden. Beim Angriff werden sie nach vorn geklappt und in das Opfer versenkt.

Eierspeise
Die Afrikanische Eierschlange dehnt ihren Kiefer so weit, bis sie das Ei verschlingen kann.

Rührei
Die Eischale wird von Fortsätzen der Wirbelsäule, die in die Rachengegend hineinragen, aufgesägt und zertrümmert.

Abfall
Nachdem die Schlange den flüssigen Inhalt des Eies geschluckt hat, würgt sie die Eischale wieder aus.

SCHON GEWUSST?

Die meisten Schlangen fressen pro Mahlzeit nur ein größeres Beutetier. Erd- und Blindschlangen (Bild) verhalten sich anders. Sie fressen viele kleine Tiere nacheinander, etwa Ameisenpuppen.

Ein voller Bauch
Nach einer Mahlzeit suchen Schlangen einen sonnigen Platz, um in Ruhe zu verdauen. Die Sonnenwärme beschleunigt diesen Vorgang. Erst nach etwa einer Woche muss diese Schlange erneut auf Jagd gehen.

Mit dem Kopf voran
Die Schlange verschluckt ihr Beutetier mit dem Kopf voran, damit sich die Beine nicht in der Kehle verfangen. Nach ein paar Minuten erstickt die Maus im Magen der Schlange.

BIEGSAME SCHARNIERE

Tiere achten immer darauf, dass die Beutetiere nicht zu groß für sie sind. Schlangen scheinen sich an diese Regel nicht halten zu müssen. Sie haben bewegliche Kiefer, die sich weit öffnen lassen. Die Knochen des Unterkiefers sind über elastische Bänder mit den teilweise ebenfalls beweglichen Schädelknochen verbunden. Dadurch können sich die Kiefer weit dehnen und die Schlange kann sehr große Beutetiere verschlucken. Beim Python kann das Opfer über doppel so breit sein wie der Kopf der Schlange.

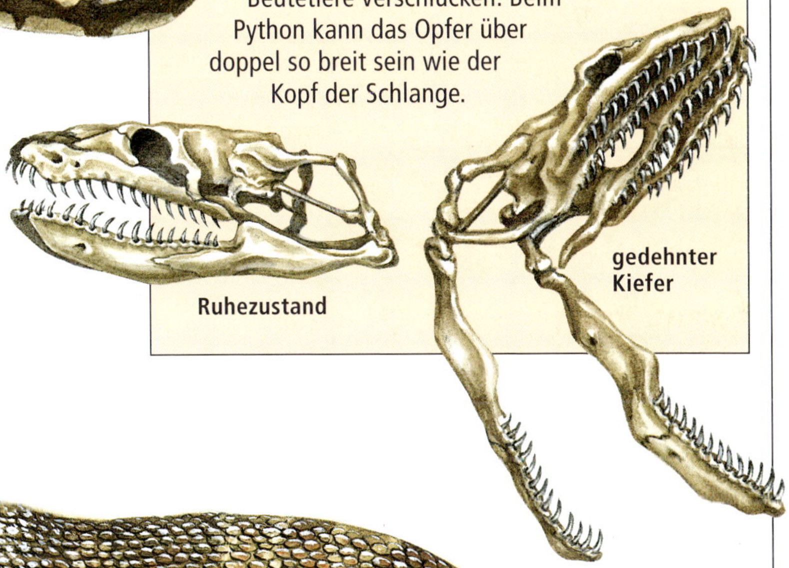

Ein starker Esser
Ein Python kann sehr große Beutetiere verschlucken. Langsam stülpt sich die Schlange über ihr Opfer. Für die Verdauung dieses Widschweins braucht der Python Wochen und Monate.

Zum Weiterlesen 23–24

Giftmörder

Rund die Hälfte aller Schlangen töten ihre Beutetiere mit Gift, das sie ihnen einspritzen. Das Gift wird über die Zähne abgegeben und kann so stark sein, dass ein Beutetier innerhalb von Sekunden stirbt. Das ist besonders bei Vögeln wichtig. Diese könnten sonst noch eine Strecke weit fliegen und wären für die Schlange verloren. Giftschlangen haben unterschiedlich geformte Zähne. Bei den einen sitzen sie fest im Kiefer, bei den anderen werden sie ausgeklappt. Die Zähne sind hohl oder gefurcht. Schlangen mit hohlen Zähnen spritzen das Gift in ihre Beute ein, während Schlangen mit gefurchten Zähnen das Gift auf das Opfer tropfen lassen. Kobras, Kraits, Taipane, Mambas, Korallen- und Seeschlangen haben feststehende, hohle Zähne vorn im Mund. Bei den Vipern und den Klapperschlangen werden die hohlen Giftzähne beim Zuschlagen nach vorn ausgefahren. Das Gift der Vipern tötet nicht nur, sondern dient auch als Verdauungshilfe. Einige Schlangen haben feststehende, gefurchte Giftzähne hinten im Mund. Die Bisse dieser Trugnattern werden dem Menschen selten gefährlich. Die Schlangen müssen nämlich auf ihrer Beute regelrecht herumkauen, damit das Gift in sie eintritt und wirkt.

Gefährliches Gift
Eine australische Paipanart hat wahrscheinlich das stärkste Gift von allen Schlangen. Ein einziger Tropfen reicht aus, um damit 217 000 Mäuse zu töten.

Getarnte Killer
Während die Kobra und ihre Verwandten aktiv auf Pirsch gehen, lauern Vipern und Klapperschlangen ihrer Beute auf. Sie sind hervorragend getarnt und warten oft tagelang neben einem Tierwechsel, bis eine Beute der richtigen Größe vorbeikommt.

Giftzähne hinten
Bei den Trugnattern liegen die Giftzähne hinten im Mund. Das Gift wandert in den Furchen der Zähne und tropft in das verletzte Opfer.

Feste Giftzähne vorne
Kobras und ihre Verwandten haben vorne im Mund hohle, unbewegliche Giftzähne.

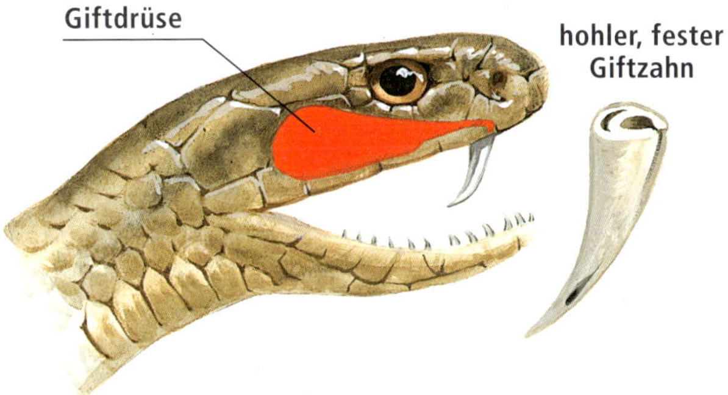

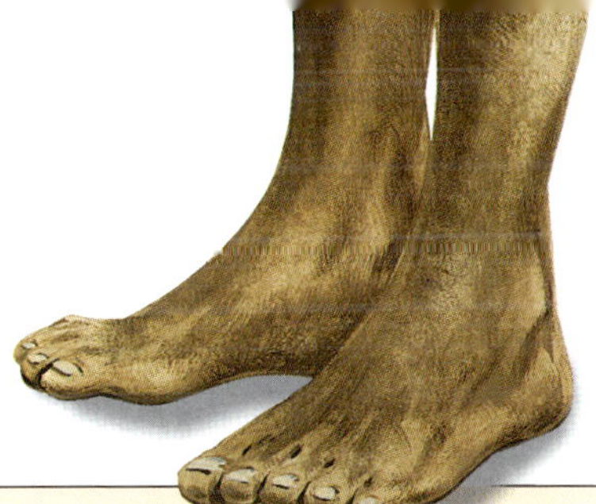

SCHON GEWUSST?

In Australien gibt es mehr Giftschlangen als in jedem anderen Land. Trotzdem sterben dort im Jahr nur zwei bis drei Menschen an Schlangenbissen. In Indien hingegen sterben tausende von Menschen an Kobrabissen, weil sie oft barfuß laufen.

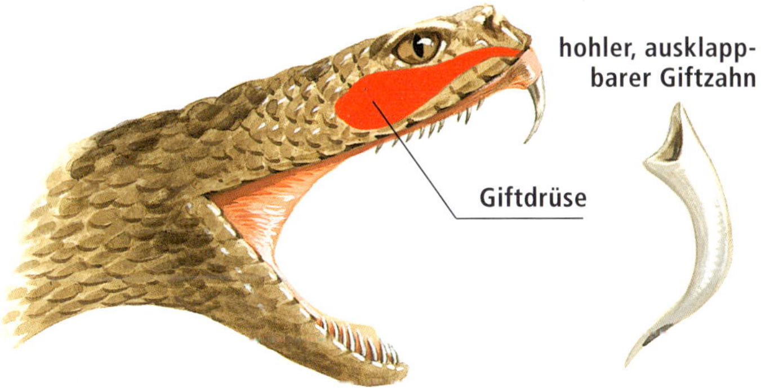

Ausklappbare Giftzähne
Vipern und Klapperschlangen haben große hohle Giftzähne, die beim Zuschlagen vorn im Mund aufgestellt werden.

VERSCHIEDENE GIFTE

Die meisten Schlangengifte sind ein Cocktail aus Stoffen ganz unterschiedlicher Wirkung. Die Neurotoxine der Kobras und ihrer Verwandten lähmen die Nerven. Das Opfer kann nicht mehr atmen und das Herz hört auf zu schlagen. Die Hämotoxine der Vipern und Klapperschlangen führen zur Gerinnung des Blutes. Viele Schlangengifte zerstören das Gewebe. Um die Giftstoffe zu gewinnen, werden die Giftzähne der Schlangen gemolken.

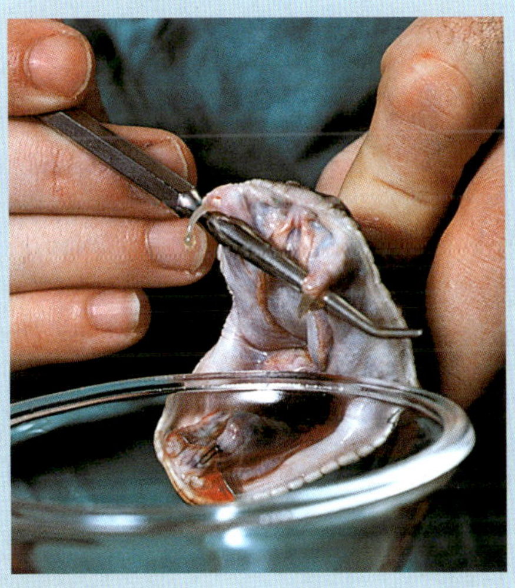

Ein plötzlicher Tod
Das Gift der Klapperschlange ist nicht so stark wie das der Kobra, doch spritzt die Schlange eine größere Menge in das Beutetier. Kleine Nagetiere können sich nur noch einige Meter weit schleppen und verenden dann.

Beim Schlüpfen
Diese junge Grüne Mamba hat die Eihülle durchstoßen. Reptilieneier haben keine harte Schale wie die Vogeleier. Man kann ihre Außenhülle mit festem, dickem Papier vergleichen.

Brutpflege
Einige Pythonweibchen legen ihren Körper in Windungen um die Eier und wärmen sie sogar ein bisschen. Sobald die Jungtiere geschlüpft sind, ist die Brutpflege zu Ende.

Schlangenbabys

Im späten Frühjahr beginnen die Schlangen in unseren Breiten mit der Fortpflanzung. In den Tropen wählen sie dazu die Wochen vor der Regenzeit. Bei den meisten Eier legenden Arten sucht das Weibchen einen sicheren, warmen und etwas feuchten Ort auf, etwa unter einem großen Stein oder in einem faulen Baumstrunk. Dort legt es seine Eier ab, deckt sie mit Laub zu und überlässt sie dann ihrem Schicksal. Einige wenige Schlangenarten betreiben auch eine Brutpflege und bewachen ihre Eier bis zum Schlüpfen. So rollen sich Pythonweibchen um ihr Gelege und spenden den Eiern Wärme. Bei den Kobras beteiligt sich auch das Männchen am Bewachen der Eier. Doch sobald die jungen Pythons oder Kobras geschlüpft sind, hört die Brutpflege auf. Die Jungtiere müssen nun für sich selbst sorgen. Die meisten Vipern in kühleren Gebieten bringen lebende Junge auf die Welt. Im mütterlichen Körper bekommen die Eier mehr Wärme, als wenn sie einfach im Boden liegen. Unsere Kreuzotter ist lebend gebärend. Auch Wasser bewohnende Schlangen tragen die Eier bis zum Schlüpfen im Bauch.

SCHON GEWUSST?

Viele Schlangen fressen in der Jugend wechselwarme Tiere wie Echsen, im Erwachsenenalter Warmblüter wie Vögel und Säuger. In Zoos fand man heraus, dass junge Schlangen auch Mäuse fressen, wenn man diese mit dem Duft eines wechselwarmen Tieres versehen hat.

Kurzes Beisammensein
Schlangen sind im Allgemeinen Einzelgänger. Sie treffen sich nur für kurze Zeit während der Fortpflanzung.

Tarnfarben
Der Grüne Baumpython aus Nordaustralien und Neuguinea ist beim Schlüpfen hellgelb oder ziegelrot. Im Lauf von ein bis drei Jahren entwickeln die Tiere die typisch grüne Erwachsenenfärbung.

Natterngezücht
Einige Schlangen beschützen ihre Eier und sorgen dafür, dass sie genügend Wärme bekommen. Andere gebären lebende Junge wie diese nordamerikanische Strumfbandnatter. Keine Schlangenart kennt aber eine weitergehende Brutpflege.

LEBEN IN KALTEN GEBIETEN

Schlangen in kalten oder gemäßigten Gebieten müssen sich im Winter verkriechen. Die meisten graben sich in den Boden ein. Dort sinkt ihre Körpertemperatur, der Stoffwechsel geht zurück und die Tiere verbrauchen kaum Energie. Erst im Frühling verlassen die Schlangen ihr Versteck. In manchen Gebieten ist der Sommer so kurz, dass etwa Kreuzottern (Bild) sich nur alle zwei Jahre fortpflanzen.

Zum Weiterlesen 34–35

Langsames Kriechen
Viele schwere Schlangen, vor allem Pythons und Vipern, können sich geradlinig fortbewegen. Dabei zieht sich die Hautmuskulatur in Wellen zusammen. Die Tiere stoßen sich an ihren Bauchschilden ab.

In Serpentinen

Als die Schlangen sich aus den Echsen entwickelten, verloren sie nach und nach ihre Gliedmaßen. Dadurch konnten sie zwar in enge Spalten und Gänge kriechen und sich neue Lebensräume erobern, aber ohne Beine brauchen sie auch ganz neue Fortbewegungsweisen. Ihr langer, geschmeidiger Körper bot die Lösung an: Sie schlängelten. Die meisten Schlangen legen den Körper in seitliche Windungen – auch im Wasser. Dabei setzen sie ihre Rippen und Bauchschienen ein. Mit den Hinterkanten der Bauchschienen verankern sie sich an den Unebenheiten des Bodens. Die Rippen bewegen sie, indem sie ihre Muskulatur wellenförmig zusammenziehen. Man kann noch drei Sonderformen der Fortbewegung unterscheiden: Große Schlangen kriechen wie Schnecken geradlinig vorwärts. In engen Gängen bewegen sich die Schlangen ähnlich wie Regenwürmer. Sie fixieren den Vorderkörper und ziehen den Hinterkörper nach. Danach fixieren sie den Hinterkörper und strecken den Vorderkörper wieder aus. Nur einige wenige Wüstenschlangen können sich auch durch Seitenwinden fortbewegen. Sie sind dadurch auf dem lockeren Sand sehr schnell.

Schwimmen im Wasser
Seeschlangen bewegen sich auf dieselbe Weise wie Landschlangen. Sie führen schlängelnde Bewegungen aus und stoßen sich dabei vom Wasser ab. Seeschlangen haben seitlich abgeflachte Schwänze, die wie Paddel wirken.

Schnelles Schlängeln
Durch Schlängeln kommen die Tiere sehr viel schneller vorwärts. Sie stoßen sich dabei in den Körperwindungen vom Untergrund ab. Eine Weiterentwicklung dieses Schlängeln ins das Seitenwinden.

Wie ein Regenwurm
In engen Gängen bewegen sich Schlangen wie Regenwürmer: Sie pressen die Windungen des Vorderkörpers gegen die Wand und ziehen den Hinterkörper nach. Dann verankern sie den Hinterkörper auf gleiche Weise und strecken den Vorderkörper aus.

SCHON GEWUSST?

Schlangen kriechen normalerweise mit einer Geschwindigkeit von ungefähr 3 km/h. Nur wenige Arten werden schneller als 7 km/h. Den Geschwindigkeitsrekord hält eine afrikanische Schwarze Mamba, die über 43 m eine Geschwindigkeit von 11 km/h erreichte.

Sicherer Griff
Einige Baumschlangen haben auf der Bauchseite eine Furche. Damit können sie sich an Unebenheiten und kleinen Zweigen verankern und abstoßen.

Seitenwinden
Die nordamerikanische Gehörnte Klapperschlange und die beiden nordafrikanischen Hornvipern bewegen sich auf Sand durch das Seitenwinden vorwärts. Dabei berührt der Körper den heißen Boden nur mit kleinen Flächen. Die Schlange verankert Kopf und Schwanz und hebt den Rumpf ab. Das ergibt eine sehr schnelle seitliche Fortbewegung, zum Teil auch springend.

SPRUNG IN DIE FREIHEIT

Die Schmuckbaumnatter oder Goldschlange kann sogar durch die Luft gleiten. Sie stößt sich mit Schlängelbewegungen ab und breitet den Bauch möglichst flach aus. Er dient als Fallschirm und bewirkt einen relativ steilen Gleitflug. Die Schlangen können von Baum zu Baum oder auf den Boden gleiten. Wahrscheinlich retten sie sich auf diese Weise vor Räubern.

Zum Weiterlesen 46–47

Abschreckung

Die meisten Menschen haben große Angst vor Schlangen. Sie erscheinen ihnen als tödliche, kaltblütige Killer. Doch Schlangen sind nicht nur Beutejäger, sie haben auch Feinde. Viele werden von Säugern, anderen Schlangen und Echsen und vor allem von Vögeln gefressen. Ihre Hauptfeinde sind bestimmte Adlerarten sowie die Königsfischer und der Sekretär. Um sich vor ihnen zu schützen, sind sie auch zur Verteidigung gezwungen. Oft zeigen Schlangen schon mit ihren grellen Farben an, dass sie giftig und eine gefährliche Beute sind. Sogar harmlose Arten machen davon Gebrauch und täuschen so ihre Feinde. Manche Schlangen haben eine Tarntracht oder vergraben sich im Boden. Sie verhalten sich dabei völlig ruhig, sodass ein Räuber, der nur Bewegungen wahrnimmt, sie nicht entdeckt. Andere ziehen die Flucht vor und verlassen sich auf ihre Schnelligkeit. Nur wenige verteidigen sich aktiv. Sie blähen sich auf und zischen dabei laut und vernehmlich.

Erschrecken
Wenn die Spitznatter angegriffen wird, öffnet sie ihren grell gefärbten Mund und erschreckt dadurch ihren Feind.

Tot und stinkend
Die nordamerikanische Hakennatter verwirrt Feinde, indem sie sich tot stellt und sich selbst bei Berührung nicht bewegt. Lässt der Räuber nicht von ihr ab, so scheidet sie eine übel riechende Flüssigkeit aus. Auch unsere Ringelnatter verhält sich ähnlich.

Aufgepumpt
Fühlt sich die Graue Baumnatter bedroht, so bläht sie die lockere Haut an der Kehle auf. Viele Räuber wenden sich dann ab, weil ihnen die Beute zu groß erscheint.

Nachahmer
Einige harmlose Schlangen ahmen in Farbe und Muster giftige Arten nach. Die beiden Schlangen leben im selben Gebiet Guatemalas und sehen fast genau gleich aus. Die ungiftige Dreiecks- oder Königsnatter ahmt dabei die Korallenschlange nach. Der einzige Unterschied zeigt sich im roten Schwanzende des Nachahmers.

SELTSAM, ABER WAHR

Die Königsnatter ist nicht giftig, frisst aber gern giftige Klapperschlangen. Beim Kampf beißen Klapperschlangen niemals eine Königsnatter. Vielmehr suchen sie ihr Heil in der Flucht.

Täuschung
Kobras und einige andere Giftschlangen verbreitern ihren Hals und versuchen damit, größer auszusehen.

Tödliche Tarnung
Die Wüstenotter gräbt sich im Sand ein, um sich vor Feinden zu verbergen oder auf Beutetiere zu lauern. Nur der Kopf und die Augen ragen aus dem Sand hervor.

DIE KLAPPER DER KLAPPERSCHLANGE

Am Ende des Klapperschlangenschwanzes sitzt eine Art Rassel aus einer Reihe ineinander greifender Hornkappen. Wenn die Klapperschlange den Schwanz bewegt, erzeugen die Kappen ein rasselndes Geräusch. Große weidende Tiere werden durch dieses Klappern gewarnt. Das Schwanzende der Klapperschlangen ist leicht nach oben gebogen, so werden die hohlen Hornkappen beim Kriechen nicht abgenutzt.

Warnfarben
Die nordamerikanische Halsbandnatter zeigt bei Bedrohung ihr korkenzieherartig aufgerolltes Ende des Schwanzes mit der roten Bauchseite. Lässt sich der Feind nicht abschrecken und dreht sich die Schlange auf den Rücken, so wird er von ihrem orangefarbenen Bauch erschreckt.

Zum Weiterlesen 48–49

Kriechtiere in Gefahr

Viele Kriechtiere sind heute vom Aussterben bedroht. Durch die Zerstörung ihrer Lebensräume wird in den nächsten zehn bis zwanzig Jahren eine große Zahl kleiner, nicht sehr auffälliger Echsen- und Schlangenarten aussterben und damit von der Erde verschwinden. Kaum jemand wird Notiz davon nehmen. Viel spektakulärer ist die Bedrohung der großen Arten wie der Krokodile, Großechsen, Pythons, Land- und Meeresschildkröten. Fast alle großen Kriechtiere werden wegen ihres Fleisches oder ihrer Haut gejagt. Man fängt sie auch, um sie an Zoohandlungen zu verkaufen. Eine besondere Gefahr für Reptilien stellen eingeführte Tiere dar, etwa Schweine, Füchse, Katzen, Mungos oder Ratten. Die Kriechtiere sind an diese neuen Feinde nicht angepasst und fallen ihnen in großer Zahl zum Opfer. Sehr ausgeprägt ist dies in eng begrenzten Gebieten, etwa auf Inseln. Das gefährlichste Lebewesen für die Kriechtiere ist aber der Mensch. Es liegt in seiner Hand, bedrohte Arten zu retten. In Mitteleuropa stehen inzwischen alle Reptilienarten unter Naturschutz.

Unsinnige Nutzung
Krokodile sind bedroht, weil man aus ihrer Haut Leder herstellt. Selbst junge Kaimane werden getötet, um daraus Schlüsselanhänger zu fertigen. Heute werden in vielen Ländern Krokodile in Farmen gezüchtet. Der Handel mit Wildkrokodilen ist inzwischen weltweit verboten.

Zerstörter Lebensraum
Am meisten haben Kriechtiere unter der Zerstörung ihrer Lebensräume zu leiden. Man versucht zwar, einzelne Arten in zoologischen Gärten und wissenschaftlichen Laboratorien zu erhalten. Wenn aber die Lebensräume der Reptilien nicht geschützt werden, können viele langfristig nicht überleben. Suppenschildkröten brauchen saubere, unverschmutzte Ozeane und ungestörte Strände zum Nisten. Ein Aquarium ist kein Ersatz für die natürliche Umgebung!

Teure Häute
In vielen Entwicklungsländern bringt die Haut eines Pythons oder eines Krokodils mehr ein als ein Monatslohn. Deswegen machen die Menschen dort Jagd auf die einheimischen Reptilien.

Wieder aufgetaucht
Der australische Zwerg-Blauzungenskink galt 33 Jahre lang als verschollen. 1992 wurde er wieder gefunden. Zoologen versuchen nun, das Überleben dieser Echsenart zu sichern.

Schildkröten als Spielzeug
Seit jeher jagt der Mensch die Schildkröten wegen ihres Fleisches und ihres Hornpanzers. Heute werden die Tiere vor allem für Zoohandlungen gesammelt. In einigen Ländern werden auch viele Tiere von Autos überfahren. Da immer mehr Feuchtbiotope trockengelegt werden, verlieren vor allem die Sumpfschildkröten ihre Lebensräume.

Eier zum Verzehr
Schildkröteneier gelten in vielen Ländern als Delikatesse. Sie werden deshalb in großer Menge gesammelt. Nicht zuletzt dadurch gehen die Meeresschildkröten immer mehr zurück.

Ein teurer Hut
Einige Reptilien können dem Menschen gefährlich werden, etwa Krokodile und Giftschlangen. Das ist aber noch kein Grund, ihre Haut auf so geschmacklose Weise zu nutzen.

Ein wertvolles Halsband
In vielen Kulturen spielten Teile von Kriechtieren bei Zeremonien eine Rolle. Die Menschen trugen sie auch als Schmuck wie dieses Halsband aus Krokodilzähnen. Heute werden solche „Amulette" in die ganze Welt exportiert.

Chamäleonexporte
Einige Entwicklungsländer exportieren lebendige Reptilien als „Heimtiere" in Industrieländer. Zu den beliebtesten Arten gehören die Chamäleons, die außerordentlich schwer zu pflegen sind. Die meisten sterben nach kurzer Zeit, viele schon auf dem Transport.

Fachbegriffe

Sumpfschildkröte

Brauen-
Glattstirnkaiman

junges
Zwergchamäleon

Korallenschlange

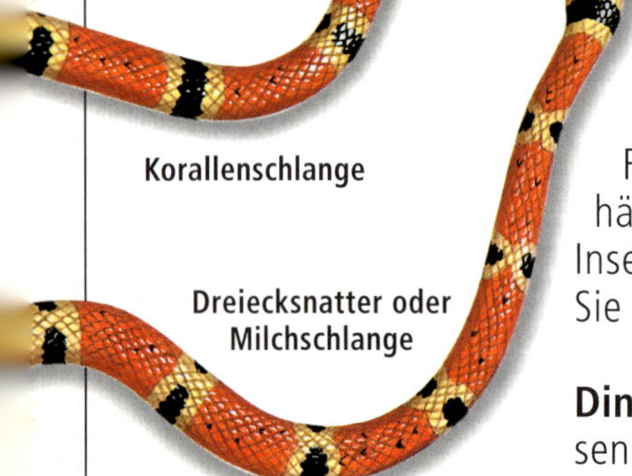

Dreiecksnatter oder
Milchschlange

Hornchamäleon

Agamen Eine Echsenfamilie mit gut entwickelten Beinen und kleinen Schuppen. Agamen kommen im Unterschied zu Leguanen in Afrika, Asien und Australien, nicht aber in Amerika vor. Die Männchen haben oft einen Kehlsack und sind in der Paarungszeit bunt gefärbt. Eine bekannte Agamenart ist der Flugdrache.

Amphibien Die Amphibien oder Lurche erkennt man an ihrer feuchten, schlüpfrigen Haut. Ihre Larven leben im Wasser, die erwachsenen Tiere meist auf dem Festland. Zu den Amphibien gehören die Frösche, Kröten, Molche und Salamander.

Anpassung Wenn sich Lebewesen auf ihre Umweltbedingungen gut einstellen, nennt man das Anpassung. Das Chamäleon beispielsweise ist äußerlich gut an seine Umgebung angepasst. Durch die natürliche Auslese passen sich Tiere und Pflanzen immer besser an ihre Umgebung an.

Biotop Lebensraum. Biotope sind zum Beispiel Wald, Wiese, Weiher, Wüste oder See.

Blutspritzen Merkwürdige Art der Verteidigung bei den Krötenechsen. Bei Bedrohung schließen sie die Augenlider und füllen sie mit Blut. Dann platzt ein Blutgefäß und das Blut spritzt in einem feinen Strahl bis zu einem Meter weit und schreckt den Feind ab.

Chamäleon Eigentümliche Familie der Echsen. Man erkennt die Chamäleons am seitlich zusammengedrückten Körper, dem Wickelschwanz, den zu Greifzangen umgewandelten Fingern und Zehen. Die Augen können sie unabhängig voneinander bewegen. Chamäleons fangen Insekten mit ihrer herausschnellenden langen Zunge. Sie kommen fast nur in Afrika vor.

Dinosaurier Eine Gruppe ausgestorbener, oft riesenhafter Reptilien. Die Dinosaurier lebten vor rund 200 bis vor rund 65 Millionen Jahren. Unter ihnen gab es harmlose Pflanzenfresser und gefährliche Fleischfresser wie den Tyrannosaurus.

Echsen Reptiliengruppe, zu der die Eidechsen, die Geckos, die Chamäleons, die Agamen und Leguane zählen. Mit Ausnahme der Schleichen und einiger Skinke haben die Echsen gut entwickelte Beine. Zusammen mit den Schlangen bilden sie die Gruppe der Schuppenkriechtiere.

Eidechsen In Europa am weitesten verbreitete Echsenfamilie. Eidechsen sind überwiegend schlanke, schnelle Tiere. Allein in Europa leben über 40 Eidechsenarten.

Evolution Allgemeine Bezeichnung für die Tatsache, dass sich alle heutigen Pflanzen und Tiere nach und nach aus einfacheren Vorfahren entwickelt haben. Statt Evolution kann man auch Stammesgeschichte sagen. Die Evolution schreitet auch heute noch durch immer bessere Anpassung der Lebewesen an ihre Umwelt fort.

Fischsaurier Eine Gruppe ausgestorbener Reptilien, auch Ichthyosaurier genannt. Sie besaßen einen stromlinienförmigen Körper und sahen heutigen Delfinen ähnlich. Die schönsten Fossilien von Fischsauriern fand man im Solnhofener Schiefer.

Flugsaurier Eine Gruppe ausgestorbener Reptilien, auch Pterosaurier genannt. Die Flugsaurier flogen mit Hilfe einer Membran, die ähnlich wie bei den heutigen Fledermäusen von den Fingern der Vorderarme ausgespannt wurde. Die größte Art hatte eine Flügelspannweite von 9 m.

Fossil Die Versteinerung einer ausgestorbenen Tier- oder Pflanzenart. Man sagt zum Beispiel, die Dinosaurier seien „fossil" erhalten.

Geckos Eine eigentümliche Echsengruppe mit abgeflachtem Körper. Die Geckos sind meist kleine Tiere, die nachts auf Jagd gehen. Viele Arten haben Haftlamellen an den Fingern und Zehen und können senkrechte Wände hochklettern. Die nachtaktiven Geckos verständigen sich durch Laute.

Gleichwarm Säugetiere und Vögel haben eine konstante Körpertemperatur, die oft viel höher liegt als die Außentemperatur. Der Stoffwechsel hält ihre Körpertemperatur aufrecht. Diese gleichwarmen Tiere nennt man auch Warmblüter.

Grubenorgan Ein besonderes Sinnesorgan an den Schnauzen von Klapperschlangen, Pythons und Boas. Mit dem Grubenorgan nehmen diese Schlangen Wärmestrahlen wahr, die von einem Beutetier ausgehen. Sie können damit selbst bei Nacht die Größe und Entfernung der Beute bestimmen.

Horn Ein harter Stoff, aus dem Schuppen, Haare, Nägel und Krallen bestehen. Das Horn oder Keratin ist ein Protein.

Jacobsonsches Organ Sinnesorgan im Munddach von Schlangen und Echsen. Diese Tiere züngeln und nehmen dabei Riechstoffe auf. Die Zunge strecken sie anschließend in das hohle Jacobsonsche Organ, wo die Geruchsstoffe analysiert werden.

Kloake Der letzte Abschnitt des Darms, in den auch die Gänge der Ausscheidungs- und Geschlechtsorgane münden. Reptilien und Vögel haben eine Kloake. Bei Säugetieren mündet der Darm in einen eigenen Ausgang. Sie haben also keine Kloake mehr.

Kobras Gruppe sehr gefährlicher Giftschlangen Afrikas und Asiens. Vor dem Angriff verbreitern sie den Nacken, indem sie die Halsrippen abspreizen. Einige Kobras speien ihr Gift zielsicher in die Augen der Beutetiere oder Angreifer. Die bis zu 4,5 m lange Königskobra frisst Schlangen. Kobras zählen mit den Korallenottern und Mambas zu den Giftnattern.

Krokodile Altertümliche Gruppe der Reptilien mit echsenartiger Gestalt, einem Schuppenkamm auf dem Schwanz und großen, harten Rückenschilden. Es gibt 21 Korkodilarten, darunter Kaimane, Alligatoren und Gaviale.

Leguane Familie der Echsen, die auf Bäumen und am Boden leben. Leguane kommen nur in Amerika vor. Sie vertreten hier sozusagen die Agamen der Alten Welt. Zu den Leguanen gehören auch die Basilisken und die Anolis sowie die Meerechse.

Mimikry Bestimmte Tiere sind gefährlich, giftig oder schmecken übel und zeigen dies auch durch besonders auffallende Farben an. Sie werden von anderen Tieren in Ruhe gelassen. Wenn ungiftige Arten diese Farben nachahmen, profitieren sie von deren Schutz. Diese Erscheinung nennen wir Mimikry.

Nattern Familie überwiegend ungiftiger Schlangen. Zu ihnen zählen die meisten einheimischen Arten, zum Beispiel die Ringelnatter oder die Würfelnatter. Einige tropische Arten haben jedoch Giftzähne hinten im Mund. Man nennt sie deshalb Trugnattern.

Ottern Eine Familie der Giftschlangen. Ottern und Vipern sind dasselbe.

Pheromone Chemische Stoffe, die Tiere produzieren und ausscheiden. Schon äußerst geringe Mengen genügen, dass Tiere gleicher Art sich am Duft untereinander erkennen. Zur Paarung werden Geschlechtspartner durch Pheromone angelockt.

Regeneration Wiederherstellung verloren gegangener Körperteile. Echsen können nur bis zu einem gewissen Grad den abgeworfenen Schwanz ersetzen.

Riesenschlagen Zu den Riesenschlangen zählen die Pythons, die Boas und die Anakonda. Alle diese Tiere sind ungiftig und meistens nachts aktiv.

Schlangen Gruppe der Schuppenkriechtiere. Allen Schlangen fehlen die Gliedmaßen. Es gibt allerdings auch einige Echsen, die ihre Gliedmaßen verloren haben, etwa die Schleichen. Schlangen leben überwiegend in warmen Ländern.

Schleichen Echsen, die ihre Gliedmaßen ganz oder teilweise verloren haben. Am bekanntesten ist die Blindschleiche. Eine ausgeprägte Wurmgestalt haben Doppelschleichen, die im Boden graben. Schleichenähnliche Tiere finden sich auch unter den Skinken.

Schuppenkriechtiere Eine große Gruppe der Reptilien: Sie umfasst die Echsen und die Schlangen.

Skinke Eine Gruppe der Echsen. Skinke sind entweder eidechsenähnlich oder schlangenförmig mit mehr oder minder zurückgebildeten Beinen. Skinke kommen in allen wärmeren Ländern vor.

Trugnattern Giftige Vertreter der Nattern, die sonst nur ungiftige Arten umfassen.

Vipern Familie der Giftschlangen, oft auch Ottern genannt. Viele Vipern erkennt man am breiten, dreieckigen Kopf. Zu den Vipern gehören die Kreuzotter und die Hornviper. Nahe mit den Vipern verwandt sind die Klapperschlangen.

Warane Eine Gruppe großer Echsen mit langem Schwanz, langer Schnauze und tief gespaltener Zunge. Die Warane sind durchschnittlich über einen Meter lang. Die größte Art, der Komodowaran, erreicht 3 m und wird sogar dem Menschen gefährlich.

Warntracht Auffällige Färbung oder Musterung. Damit will ein Tier einen Angreifer abschrecken oder mitteilen, dass es ungenießbar oder giftig ist. Korallenschlangen haben eine Warntracht.

Wechselwarm Fische, Amphibien und Reptilien können ihre Körpertemperatur nicht regeln. Sie hängen somit von der Außentemperatur ab. Deswegen nennt man solche Tiere wechselwarm. Gelegentlich spricht man auch von Kaltblütern.

Spitznatter

Landschildkröte

Alligatorjunges

Fuß eines Geckos

Brückenechsen

Register

Bildnachweis

(l=links, M=Mitte, o=oben, r=rechts, u=unten, B=Bildsymbol, H=Hintergrund, R=Rückseite, U=Umschlag, V=Vorderseite)
Heather Angel, 61or. **Ardea**, 10Ml (H. D. Dossenbach), 38Ml (F. Gohier), 58or (P. Morris), 12M (W. Weisser), 47M (T. Willock). **Kathie Atkinson**, 17ol, 37ur, 45Mr. **Aurora**, 61oM (J. Azel). **Auscape**, 23or, 43ur (Ferrero/Labat), 13Ml (T. de Roy). **Austral International**, 53M (Shooting Star/A. Sirdofsky), 61Mr (Sipa Press). **Australian Picture Library**, 47uM (G. Bell), 20Ml (S. Osolinski). **Bruce Coleman Limited**, 30Mr, 62ul (J. Burton), 21or (A. Deane), 60or (C. B. und D. W. Frith), 6Ml (U. Hirsch), 19M (Jeff Foot Productions), 55ul (G. McCarthy), 15ol (S. Nielsen), 11ol (H. Reinhard), 14Ml, 34ul, 59ol (A. J. Stevens), 32ol, 42ur, 63uMr (J. Visser), 48Ml (C. Zuber). **Michael und Patricia Fogden**, 18uM, 23ol, 31M, 36M, 39ul, 43or, 45Ml, 50Ml, 50uMl, 50oMl, 57ol, 58/59u, 59oM. **Pavel German**, 32ur, 35Mr, 52or. **The Image Bank**, 46ul (J. H. Carmichael, Jr.). **NHPA**, 54oM (A. Bannister), 14ul (J. Blossom), 52ul (J. H. Carmichael, Jr.), 43ul (S. Dalton), 6or, 19uM (N. J. Dennis), 30ol, 35oM, 35ol, 37or, 38ur, 61ur, 62Ml (D. Heuclin), 54ur (H. und V. Ingen), 48o (H. Palo Jr.), 22Ml, 62oMl (S. Sauvanet). **North Wind Picture Archives**, 12uM. **Ocean Earth Images**, 56or (K. Aitken). **Oxford Scientific Films**, 8ol, 23M (J. Downer), 9ul, 58Ml (M. Fogden), 60/61M (F. Schneidermeyer), 28ul (K. Westerskov). **Planet Earth Pictures**, 22Mr (J. B. Alker), 32ul, 36or (M. Clay), 17Mr (M. Conlin), 21ol (R. de la Harpe), 11oM (D. P. Maitland), 27Ml (J. Scott), 60Mr (J. D. Watt). **Michael Schneider**, 29ul **New Zealand Geographic**). **South Australian Museum**, 29or (S. C. Donnellan). **Oliver Strewe**, 60ul (Wave Productions). **Tom Stack & Associates**, 47uM (M. Bacon), 49oM (D. G. Barker), 11Mr (M. Clay), 11or, 59or (K. T. Givens), 7oM, 10or (T. Kitchin), 45M, 47ol, 51Ml (J. McDonald), 8Mr (K. Schafer). **John Visser**, 40ol, 41Mr, 41ol. **Thomas A. Wiewandt**, 41or, 47Mr.

Grafik

Anne Bowman, Bildsymbole, 5Ml, 5ol, 26ur, 38uMl, 51ol. **Simone End**, 1, 3, 4/5u, 5ur, 14or, 15ur, 15Mr, 15or, 16/17M, 16ul, 16M, 17or, 22ul, 22ol, 22or, 27ol, 30/31o, 30Ml, 31o, 43Mr, 48/49M, 48uM, 49or, 50ul, 51or, 58ur, 58o, 63or. **Christer Eriksson**, 14/15M, 23–26M, 27r, 42/43M, 50/51u, 50ul. **John Francis/Bernard Thornton Artists, UK**, 12Ml, 12Mr, 12or, 13M, 38/39o, 38ol, 39ur, 52/53u, 53Mr, 53o, 63oMr. **Robert Hynes**, 8/9M, 8uM, 44/45u, 44/45o, 44ul, 44Ml, 45or. **David Kirshner**, 4/5o, 4l, 6/7M, 6ul, 7ur, 7ol, 10/11u, /11M, 11ur, 18/19o, 18ur, 19r, 20/21u, 20or, 30u, 35or, 40/41u, 40Ml, 41Ml, 49ol, 58ul, 62uMl, 62ol, 63Mr. **Frank Knight**, 6ol, 54/55o, 54ol, 55ur. **James McKinnon**, 28/29M, 28ur, 28M, 63ur. **Colin Newman/Bernard Thornton Artists, UK**, 32/33o, 32Ml, 33Ml, 33u, 33r, 36/37M, 36ul. **Trevor Ruth**, 2l, 46/47M, 47ur, 47or, 56/57M, 56ul, 56o, 57ur. **Peter Schouten**, 34/35M, 34or, 60/61ul. **Rod Westblade**, endpapers.

Umschlag

Bruce Coleman Limited, RUol. **Simone End**, RUur. **Christer Eriksson**, VUM, VUor. **David Kirshner**, VUol. **The Photo Library, Sydney**, H (TSI/Tim Davis).